SIAMO
TUTTI FILOSOFI
SENZA SAPERLO

PAOLO DEL DEBBIO

SIAMO TUTTI FILOSOFI SENZA SAPERLO

Sei storie di vita

PIEMME

Agli amici monaci dell'Abbazia di Vallombrosa,
dove questo libro è stato pensato e scritto.

Pubblicato per

PIEMME

da Mondadori Libri S.p.A.

ISBN 978-88-566-8581-7

I Edizione ottobre 2024

Anno 2024-2025-2026 - Edizione 2 3 4 5 6 7 8 9 10

Esordio

Perché siamo tutti filosofi anche senza saperlo

Prenderla con filosofia

Difficilmente ho incontrato un'espressione più sbagliata e infelice di questa. Nell'uso comune si esorta a «prenderla con filosofia» chi è afflitto da un problema, un dubbio, da qualcosa che non lo lascia tranquillo. In questi casi, sempre nell'accezione comune, si intende, più o meno, «vivila con leggerezza», «non farne un problema», «fatti scivolare tutto addosso». Insomma, un invito alla leggerezza, alla spensieratezza, alla frivolezza; in definitiva alla superficialità. O, al limite, al fatalismo. Prenderla con filosofia equivale così a non rifletterci troppo, a non cercare spiegazioni complesse. «Se puoi, fregatene, se ce la fai, infischiatene. Se non è proprio importante, vedi di lasciar perdere.»

Ecco, se qualcuno ritiene che questo sia un atteggiamento corretto nei confronti della vita, sappia che ha in mano il libro sbagliato. E che la filosofia non fa per lui.

In primo luogo, perché la filosofia è l'esatto contrario della leggerezza, del lasciar perdere: la filosofia non vive sulla superficie della vita ma nella profondità della mente e dell'anima. La filosofia approfondisce, interroga senza sosta, indaga le cause di quanto succede, le origini di ciò che circonda l'uomo e nel quale l'uomo è immerso; non si accontenta mai, tende ad andare oltre anche quando ha raggiunto dei traguardi, i quali rimandano sempre, inesorabilmente, ad altri traguardi e altre mete. Se scopre qualcosa che può essere considerato una verità, un principio, volge il suo sguardo altrove, dove non ha ancora indagato, in quei territori della vita e della mente che non sono ancora passati al vaglio della sua incessante ricerca.

Ma non è solo questo. Penso che ognuno di noi, e non solo il filosofo «di professione», nella sua vita, faccia riflessioni su quanto gli succede; si forma delle idee, un pensiero proprio che spesso è molto vicino al pensiero filosofico di autori dei quali, magari, nemmeno conosce l'esistenza.

Si trovano tracce di filosofia nel pensiero di quasi tutti gli uomini. Provo a dimostrarlo in questo libro, soffermandomi su sei temi fondamentali della filosofia: il bene, il tempo, la persona, la coscienza di sé e l'autocoscienza, la morte, Dio. All'inizio di ogni capitolo osserveremo sinteticamente come e perché i temi trattati interrogano la filosofia; poi seguirà un racconto nel quale una o più persone comuni finiranno per confrontarsi con quel problema; infine, dalle sei storie di vita narrate vedremo emergere consonanze, affinità, analogie e corrispondenze con il pensiero di uno o più filosofi, che i soggetti delle storie non conoscevano.

Di certo le persone di cui si racconta non «l'hanno presa con filosofia», ma al contrario hanno preso la vita sul serio, ci hanno ragionato su, proprio come Alessandro Manzoni che, quando gli chiesero come avesse fatto a scrivere *I promessi sposi*, rispose: «Ci ho pensato tanto su». In breve, hanno voluto capire, non si sono fermate ad accettare passivamente ciò che accadeva, ma hanno voluto cercare di scoprire il perché, anche quando hanno capito che non era semplice, che sarebbe stato faticoso e forse impossibile. Non si sono arrese a quella che poteva sembrare l'evidenza, perché in realtà non c'era nulla di evidente: le piccole e grandi questioni della vita, spesso, sono invece nebulose, difficili, intricate proprio là dove appare difficile trovare il bandolo della matassa.

Che cos'è la filosofia

La filosofia tratta domande generali. Se le scienze «dure» pongono domande particolari – Perché l'acqua bolle a una determinata temperatura? Quando si può stabilire il decesso di un uomo? Perché la Luna ruota attorno alla Terra? –, le domande cui cerca di rispondere la filosofia (non sempre riuscendoci) sono talmente generali che, come si dice, la filosofia si occupa del *tutto*, e insieme del *problema della vita*.

Si tratta di domande come: Perché nel mondo c'è qualcosa anziché niente? Noi esseri umani siamo liberi o siamo determinati da qualcosa di esterno a noi? Esiste Dio? La vita vale la pena di essere vissuta? Che cos'è il bene? Che cos'è il male? La morte conclude tutto o c'è una vita oltre la morte? Si può dire che la filosofia si occupa del *tutto* perché è chiamata a fare domande e risolvere problemi che riguardano il senso generale dell'esistenza. Il *tutto* comprende quei grandi interrogativi, sconfinati, che l'essere umano, filosofo, si pone senza sosta. Domande che sorgono dalla vita delle donne e degli uomini che abitano questa Terra: è da lì che la filosofia prende le mosse. La filosofia non può mai guardare con sufficienza a nessuna esistenza umana, perché così tradirebbe il suo compito: occuparsi del *problema della vita*, la vita quotidiana.

Altrimenti si corre il rischio – come sottolineò il filosofo tedesco Edmund Husserl nella sua opera *La crisi delle scienze europee e la fenomenologia trascendentale* (1936) – che il pensiero si allontani dai «mondi della vita» (*Lebenswelt*), mondi concreti, visibili e pratici; quotidiani.

Non a caso, Aristotele nell'*Etica Nicomachea* sostiene che il metodo giusto per scrivere un'opera sia partire dalle opinioni comuni (in greco *èndoxa*), cioè le più diffuse e anche le più autorevoli (che appartengono a coloro che sono considerati sapienti, filosofi compresi): era convinto che la verità si nascondesse nel mondo concreto, quello che conosciamo tutti, filosofi e non. Ecco perché la filosofia non può staccarsi dal *problema della vita*.

Come abbiamo detto, molte delle domande che si pone la filosofia coincidono con quelle dell'uomo comune. Magari l'uomo comune non si interroga in termini filosofici – altrimenti sarebbe un filosofo –, ma non cambia la sostanza, le domande rimangono le stesse.

Come scriveva giustamente Sofia Vanni Rovighi, filosofa tomista, nei suoi *Elementi di filosofia* (vol. I), «Infatti *nel tutto sono dentro anch'io*, e risolvere il problema del tutto significa risolvere anche il problema dell'uomo, del valore della vita umana». Di fronte a una domanda sull'origine (da dove viene?) e sul fine (in che direzione va?) della vita umana, occorre allargare molto l'ambito della riflessione, e interrogarsi sull'anima umana, sull'universo, su Dio. Quindi, «dobbiamo studiare tutta, la realtà»: il *tutto*, appunto. Il *tutto* e la vita umana si richiamano a vicenda e non sono separabili.

Le questioni generali, le grandi domande che abbiamo già sollevato, appartengono alla metafisica. L'uomo è un animale metafisico, va cioè al di là (dal greco *metà*) delle cose fisiche (dal greco *phisikà*). Nessun problema, più della morte, ci indica in che misura l'uomo sia un animale metafisico: perché la morte va al di là delle cose puramente fisiche e si interroga su ciò che fisico non è più: l'uomo che muore e il suo destino, il perché della morte.

I due limiti della filosofia: in alto la religione, in basso la scienza

La religione è da intendersi come dottrina, qualcosa cioè che *insegna*. Come sostiene ancora Sofia Vanni Rovighi, nell'opera citata, «Partiamo dalla pura e semplice constatazione che c'è nella storia umana un *fatto religioso*, un insieme di convinzioni che si chiamano *religione* [...]. Anche la religione si propone di far conoscere all'uomo il fine, e quindi il significato della sua vita, di indicargli i mezzi per conseguirlo [...]. La conclusione sarà dunque che filosofia e religione hanno un medesimo oggetto, un identico problema: quello della vita. Essi si distinguono per il modo di risolverlo: la filosofia cerca di risolverlo con la ragione, la religione, così come esiste storicamente, con la fede».

La filosofia ha dunque un limite in alto (senza che il termine «alto», così come «basso», voglia minimamente indicare un giudizio di valore o una gerarchia di importanza): la religione, che si fonda su una rivelazione divina, su un profeta, su Dio stesso, su un saggio che ha tramandato la verità, la via da seguire per raggiungere la beatitudine eterna. In latino *revelare* significa «togliere il velo»: la rivelazione toglie il velo alle verità nascoste all'uomo. Nel cristianesimo, la Trinità, Gesù Cristo uomo e Dio al tempo stesso, la salvezza eterna, la creazione del mondo.

Naturalmente ci può essere un rapporto stretto tra la

religione e la filosofia. Nel Medioevo, soprattutto, arrivano quasi a sovrapporsi: a titolo di esempio, è il caso di Scoto Eriugena, Anselmo d'Aosta, Alberto Magno, Tommaso d'Aquino, Bonaventura da Bagnoregio e tanti altri, come Duns Scoto e Guglielmo da Occam.

Scrive Amato Masnovo (1880-1955) in una pagina molto evocativa del suo volume *La filosofia verso la religione* (1931): «Impostare e risolvere il problema della vita è il destino della filosofia: e, durante il tentativo della soluzione, sentire umilmente, a un dato momento, dopo una marcia eroica di conquista in conquista, l'impotenza tragica di raggiungere l'ultima indispensabile conquista e il bisogno di stendere la mano, semmai qualcuno la stringa e la conduca al porto per sentieri che non sono più quelli della speculazione razionale [...] la stretta definitiva e legittima avverrà nel nome di titoli extrafilosofici, essendo essa in funzione dell'impotenza della filosofia». Parlava della mano tesa dalla religione e dalla sua dottrina, la teologia, che viene incontro all'impotenza della filosofia, incapace di andare oltre. La validità del sapere, se si tratta di religione, nasce proprio dalla rivelazione: un dono, una divina elargizione di sapienza.

Nel caso della filosofia, come sostiene Nicola Abbagnano (1901-1990), filosofo esistenzialista, la validità del sapere dipende dal modo in cui viene prodotto dall'uomo e dal ragionamento che lo regge. È tutto nelle nostre mani, non dipende da entità soprannaturali. Ma il sapere filosofico non si ferma nemmeno al dato come la scienza.

Quando nel VII secolo a.C. i Greci si misero a indagare l'origine e la natura del cosmo per comprendere la realtà che li circondava (poi la filosofia passò a occuparsi dell'Essere, dell'uomo, di Dio, della razionalità e così via) non si affidarono ai miti, così diffusi tra il popolo, né alle credenze religiose, ma alla ragione, al *logos*. Il *logos* al posto del *mythos*, l'*alétheia* (la «verità») al posto della *doxa* («opinione»).

Quando si fa filosofia, quando se ne discute, non ci si può appellare a un'autorità esterna, naturale o soprannaturale, si può argomentare solo ricorrendo alla ragione e al suo sviluppo, il ragionamento. Di un ragionamento si può discutere, mettere in discussione la razionalità, la veridicità; lo si può reputare illogico, falso. In questo senso, non conta imparare la filosofia, ma imparare a filosofare: verificare se i ragionamenti altrui – e anche i propri, ovviamente – sono conseguenti, cioè seguono un filo logico; la ragione filosofica non procede per salti, ma per passi successivi, uno dopo l'altro. Ciò che si afferma prima deve essere coerente, a rigor di logica, con quello che si afferma dopo, e viceversa.

Se, tanto per fare un esempio di «salto» filosofico, dico che nella vita non ci devono essere regole, poi non posso affermare che tutti devono non avere regole, perché cadrei in contraddizione: se ritengo che nella vita non ci debbano essere regole non posso desiderare di imporre a tutti di non avere regole, perché questa sarebbe una regola. In filosofia non si salta, si cammina: questa è la norma primaria del ragionamento e anche del confutare il ragionamento altrui.

La scienza è invece il limite inferiore della filosofia, sotto il quale si trovano la fisica, la matematica, la biologia, l'astronomia e così via.

Se un fisico, per spiegare le sue teorie sulla gravità dei corpi o sulla velocità delle particelle subatomiche, introducesse un elemento esterno – per dire: Dio, l'anima, qualche forma di *arché* (dal greco «inizio») – sconfinerebbe palesemente dal suo campo. La scienza descrive come accadono i fenomeni che analizza, e di solito, a prescindere dalla disciplina, sono fatti particolari: la filosofia si occupa del perché, non del come, e la sua ricerca verte su fatti universali, le cause supreme del tutto e della vita dell'uomo.

Perché

La filosofia è, come abbiamo detto, soprattutto domanda. Chiede: «Perché?» Quando le persone si interrogano sul perché della vita e delle sue questioni generali si è già entrati nella riflessione filosofica. Si è già varcata la porta della filosofia. Ovviamente si può anche rinunciare a farsi domande e sfuggire, nella propria vita, a tutte le forze di coinvolgimento emotivo, razionale e di ogni altro tipo. Ma cos'è questo, se non rinunciare alla vita stessa? Quand'è così, prevalgono la mancanza di azione, l'incomunicabilità, la stasi totale, estrema, assoluta. Esattamente come nella *pièce* teatrale *Aspettando Godot* di Samuel Beckett (1906-1989), scrittore e drammaturgo irlandese, in cui due uomini, Vladimiro ed Estragone aspettano l'arrivo di un terzo di nome Godot, che però non arriverà mai. Non si sa chi siano questi due individui che parlano attraverso dialoghi totalmente paradossali, non si sa dove si trovano né chi sia questo Godot e perché lo stiano aspettando. Nulla sembra interessare ai due personaggi, non hanno nessuna risposta. Il loro continuo e fallimentare tentativo di muoversi esprime l'insensatezza della vita umana, fatta di frustrazione: la mancanza di un perché si trasforma in mancanza di vita, da vivi. Vladimiro ed Estragone sono vivi senza vita, vivi senza perché. Il teatro dell'assurdo rappresenta l'assurdo di una vita senza perché, perché il perché non c'è.

Gianni Rodari, scrittore per l'infanzia, ha sostenuto che «Il gioco dei perché è il più vecchio del mondo. Prima ancora di imparare a parlare l'uomo doveva avere nella testa un gran punto interrogativo». Nel suo *Libro dei perché* ha scritto *Storia di un perché*. Ci aiuta a capire la natura dei perché:

> Una volta c'era un Perché, e stava in un vocabolario della lingua italiana a pagina 819. Si seccò di stare sempre nello stesso posto e, approfittando della distrazione del bibliotecario, se la diede a gambe, anzi «a gamba», saltellando sulla zampetta della «p». Cominciò subito a dar fastidio alla portiera.
>
> «Perché l'ascensore non funziona? Perché l'amministratore del condominio non lo fa riparare? Perché non c'è la lampadina al pianerottolo del secondo piano?»
>
> La portiera aveva altro da fare che rispondere a un Perché tanto curioso. Lo rincorse con la scopa fin sulla strada e gli ingiunse severamente di non tornare più.
>
> «Perché mi cacci?» domandò il Perché molto indignato: «Perché ho detto la verità?»
>
> Se ne andò per il mondo, con quel brutto vizio di fare domande, curioso e insistente come un agente delle tasse.
>
> «Perché la gente butta la carta per terra invece di metterla negli appositi cestini?»
>
> «Perché gli automobilisti hanno tanto poco rispetto dei poveri pedoni?»
>
> «Perché i pedoni sono tanto imprudenti?»
>
> Non era un Perché: era una mitragliatrice di domande e non risparmiava nessuno [...]. La Questura venne a sapere che c'era un Perché così e così, alto tanto e non di più, fuggito dalla pagina 819 del dizionario. Fece stampare la sua fotografia e la distribuì a tutti gli agenti, con questo ordine: «Se lo vedete, arrestatelo e mettetelo al fresco» (e fa affiggere manifesti). «Perché» si domandava il povero Perché, succhiandosi il dito sotto uno di quei manifesti, «perché vogliono mandarmi al fresco? Forse non bisogna fare domande? La legge punisce i punti interrogativi?». Cerca e cerca, nessuno riuscì mai a trovarlo. Ad arrestarlo, poi, non ci riuscirebbero tutte le guardie del mondo, che

sono milioni e parlano molte lingue. Si è nascosto tanto bene il nostro Perché: un po' qui e un po' là, in tutte le cose. In tutte le cose che vedi c'è un Perché.

Il Perché è insopprimibile, se lo allontani ritorna ancora più pressante di prima. Se venisse dall'esterno dell'uomo, forse lo si potrebbe anche scacciare, ma il Perché non viene da fuori, ma da dentro. E allora l'impresa di scacciarlo diventa più complessa, anzi: impossibile. Dice bene il nostro Rodari: si è nascosto un po' qui e un po' là, in tutte le cose. In tutto ciò che osserviamo c'è un Perché.

Tante cose hanno sì un perché, ma l'uomo non è in grado di trovarlo, di stanarlo, di portarlo allo scoperto (è il caso delle grandi domande della vita): proprio per questo non smetterà mai di cercarlo. Si chiederà sempre perché, dalle cose più piccole che per lui non hanno un gran significato a salire, fino alle grandi questioni. Del resto, già il bambino a un certo punto della sua evoluzione psicologica e linguistica comincia a chiedere insistentemente "perché?". Certo, i suoi perché non hanno la valenza esistenziale di quelli di un adulto, ma indicano comunque la volontà di capire il motivo per cui succede qualcosa, o lo scopo per cui si deve fare qualcosa. Il suo è un perché di base, il segno che sta iniziando a collegare le cose con altre cose, a interrogarsi sui comandi dei genitori e stupirsi di fronte alle cose e ai fenomeni. Nell'adulto, il perché relativo alla vita termina con la vita stessa.

La meraviglia all'origine della filosofia

Come insegna Enrico Berti (1935-2022), insigne studioso della filosofia antica, sia Aristotele sia Platone, i due maggiori filosofi greci, riconoscevano che il desiderio di sapere deriva dalla meraviglia provata di fronte «al darsi delle cose». E cos'è la meraviglia se non la consapevolezza della propria ignoranza, il desiderio di uscire da questa ignoranza, e quindi di imparare, di conoscere, di sapere? Dopotutto, in greco *philosophèin* significava «cercare di sapere».

Platone (428/427-348/347 a.C.) nella sua opera *Teeteto*, fa dire a Socrate, in dialogo con Teeteto: «È proprio del filosofo questo che tu provi, di essere pieno di meraviglia, né altro cominciamento ha il filosofare che questo, e chi disse che Iride fu generata da Taumante non sbagliò, mi sembra, nella genealogia». Iride era identificata con la filosofia ed era figlia di Taumante, nome che in greco richiama il verbo «meravigliarsi» (da *thaumàzein*, derivato da *thàuma*, «meraviglia»). La filosofia, quindi, è figlia della meraviglia.

Aristotele (384-322 a.C.) all'inizio della *Metafisica* scrive che «tutti gli uomini per natura tendono al sapere [...] gli uomini, sia ora che in principio cominciarono a filosofare a causa della meraviglia».

In epoca più recente, il concetto è stato ripreso da vari filosofi, tra cui Max Scheler (1874-1928), secondo il quale la religione nasce dal desiderio di salvezza dalla morte, e la filosofia dal desiderio di sapere. La scienza moderna, indissolubilmente legata alla tecnica, sorge invece dal «desiderio di potere», cioè di «dominare la natura». La filosofia, dunque, nasce dalla meraviglia e non ha alcun fine pratico, né aggirare la morte, né il progresso materiale. D'altra parte, come da definizione Treccani, la meraviglia è «un sentimento che si prova nel vedere, udire, conoscere una cosa straordinaria, strana e comunque inaspettata», e che può accompagnarsi a sbalordimento, sorpresa, sbigottimento, stupore. Non è un atteggiamento estetico, come quando si ammira un'opera d'arte, è semmai un atteggiamento teoretico (che riguarda questioni teoriche, cioè conoscitive). Riprendendo ancora Berti, la meraviglia è puro desiderio di sapere. Ma che cosa si desidera sapere? In poche parole, ci domandiamo il perché, la spiegazione degli oggetti, degli eventi o delle azioni che osserviamo e di cui non riconosciamo subito la causa.

Può essere un'esperienza comune a tutti: a tutti può capitare di imbattersi in qualcosa che turba le nostre convinzioni e il nostro comportamento abituale, che ci spinge a riflettere e in una certa misura ci mette in crisi, perché quel che sappiamo o facciamo di solito entra in conflitto con le circostanze sopraggiunte. È anche questo la meraviglia, uno «strappo» tra ciò che accade a noi o intorno a noi e le nostre consuetudini che erano anche all'origine della *thàuma*, la meraviglia dei Greci?

Della meraviglia si è occupato anche il filosofo tedesco Arthur Schopenhauer (1788-1860), che nella sua celebre opera *Il mondo come volontà e rappresentazione* (1818/1819, seconda parte 1844, terza 1859) scrive: «Ad eccezione dell'uomo, nessun essere si meraviglia della propria esistenza [...]. La meraviglia filosofica è viceversa condizionata da un più elevato sviluppo dell'intelligenza individuale, tale condizione non è certamente l'unica, ma è invece la cognizione della morte, insieme con la vista del dolore della miseria della vita, che ha dato senza dubbio l'impulso più forte alla riflessione e alle spiegazioni metafisiche del mondo». La meraviglia, dunque, può nascere anche dallo scandalo, dal naufragio della mente che non riesce a cogliere le ragioni di quanto di negativo accade nel mondo degli uomini. Come dicevamo a proposito della filosofia e del suo oggetto: il tutto e la vita dell'uomo.

Ci sono aspetti nella vita dell'uomo che destano angoscia, davanti ai quali il pensiero, colto da un senso di disorientamento, *naufraga*, come amava dire il filosofo tedesco Karl Jaspers: una sorta di meraviglia di fronte alle cose negative, quello che i Latini chiamavano *mysterium iniquitatis*, il mistero del male, tema presente soprattutto, ma non esclusivamente, nella riflessione filosofica cristiana. L'uomo si trova di fronte allo *skàndalon* (termine greco che significa «ostacolo», «inciampo»), che desta stupore e smarrimento, dubbio, turbamento, incertezza. Meraviglia di fronte all'ignoto, all'incontrollabile, al non comprensibile dalla nostra mente.

Il chiedersi perché è legato alla meraviglia, allo stupore, al naufragio così come alla bonaccia.

Siamo tutti filosofi.
Guardare con gli occhi dei Greci ai nostri giorni

Marino Gentile (1906-1991), filosofo italiano, sosteneva che bisogna guardare il mondo «con occhi greci», cioè osservare quel che è intorno a noi e meravigliarsi che le cose stiano in un certo modo. Non dismettere la meraviglia come un vecchio arnese, ma considerarla sempre per quello che è, indipendentemente dalle epoche e dai secoli: un atteggiamento di apertura nei confronti della realtà, la quale supera spesso il pensiero, è più avanti, anche quando ci appare peggiore delle realtà precedenti. In tutti i casi, la realtà è reale e il pensiero è astrazione.

In tedesco, «esperienza» si dice *Erfahrung*, termine che ne contiene un altro, *Fahrt*, che vuol dire «viaggio». Dunque l'esperienza come viaggio nel mondo: tra eventi, fatti, dati, avvenimenti, tragedie, naufragi, assurdità, bellezza, bontà e malvagità; ma un viaggio pensoso, nel quale l'uomo, per sua natura – cioè anche senza la volontà esplicita di farlo – pensa, riflette, ragiona, si meraviglia, si scervella, medita. In una parola, filosofa, anche senza saperlo.

Come insegna Italo Mancini (1925-1993), filosofo urbinate, questo rapporto tra esperienza e pensiero è una «relazione ermeneutica» (dal greco *ermeneutiké téchne*, arte dell'interpretazione, che si riferirebbe all'interpretazione di testi antichi ma in questo caso significa «interpretazione dei dati, della realtà») tra dati e significati. Tra ciò che ci si presenta davanti prima di poterlo interpretare, e ciò che riferiamo al pensiero sull'uomo e sul mondo, sulla storia. L'esperienza, i dati e il loro significato si rincorrono in rimandi continui perché la vita scorre, si trasforma, cambia a volte lentamente, a volte all'improvviso, e il tal pensiero che avevamo formulato, di fronte al *novum*, ai risultati dei mutamenti, non si ritrova più. Può accadere anche per quanto riguarda la vita strettamente personale, l'evoluzione della propria coscienza e del pensiero su noi stessi, che va continuamente aggiornato. Italo Mancini chiamava tutto questo «circolo ermeneutico».

Immanuel Kant (1724-1804), nella *Critica della ragion pura*, si pone alcune domande: «Che cosa posso sapere? Che cosa devo fare? Che cosa posso sperare?» Queste tre domande, per Kant, si rapportano a una quarta: che cos'è l'uomo? Ma tutte e quattro le domande, come ha spiegato tra gli altri il filosofo contemporaneo francese André Comte-Sponville, confluiscono in una quinta: «*Come vivere?*» Ogni volta che proviamo a rispondere più o meno intelligentemente alla questione facciamo filosofia. È una domanda inevitabile da porsi, perciò dalla filosofia non si può scappare, se non per stupidità. O per oscurantismo, cioè perché si vuol nascondere ai più la verità e non si vuole che le persone pensino autonomamente.

Ludwig Wittgenstein (1889-1951), filosofo di riferimento del neopositivismo, corrente che si è occupata del linguaggio come tema centrale della filosofia, diceva che «La filosofia non è una dottrina, ma un'attività». E Kant, sempre nella *Critica della ragion pura*, afferma che «non si può apprendere la filosofia: non si può apprendere che a filosofare». E filosofare è un circolo continuo che coinvolge ciò che affrontiamo nella vita e le nostre riflessioni, i ragionamenti che facciamo per capire qualcosa in più.

Occorre essere vigili nei confronti della realtà del mondo, nulla ci deve essere estraneo se vogliamo pensare, se vogliamo imparare a filosofare e non smettere mai di farlo. La mente pigra, sonnolenta, asfittica non conosce la meraviglia. Ha gli occhi aperti, vede ma non guarda. E così, in fondo, l'uomo rinuncia a essere sé stesso, perché in realtà in tutti gli uomini e in tutte le donne c'è la volontà di consapevolezza, anche nella mente pigra si insinua il Perché del racconto di Rodari, e non rimane nascosto, sbuca continuamente e poi si ritrae per non essere acchiappato da qualcuno, dalle guardie immaginate dallo stesso Rodari.

Le guardie che vorrebbero acchiappare il Perché sono i tanti intolleranti che accettano solo la propria parola e quindi la propria libertà, ma non quella degli altri. La verità è una: la loro, appunto. Generalmente questo tipo di individui o gruppi punta a far intendere di essere la maggioranza, tant'è vero che certa politica si inginocchia ad ascoltarli. E in effetti vengono ascoltati, ma si tratta pur sempre di minoranze rumorose, spesso finanziate da interessi occulti. Chi pensa deve comunque occuparsi anche di loro, perché nulla va tralasciato o snobbato ma anche perché poi potrebbe finire col trovarseli in Parlamento. Il perché non va in ferie neanche di fronte ai fenomeni di intolleranza. E il pensiero è come il Perché di Rodari, non può essere ammanettato. Anche quando si tenta di ammanettare uomini che pensano, il loro pensiero non rimane rinchiuso in una cella, ma continua a vivere e produrre idee e interpretazioni: per esempio Antonio Gramsci (1891-1937), il più grande pensatore marxista italiano del Novecento, nei suoi *Quaderni del carcere* (1948-1951) affronta temi fondamentali, dall'egemonia alla filosofia di Benedetto Croce, dallo studio sul folklore alla questione meridionale e altro ancora.

Dall'esterno ci arriva ogni giorno una gran quantità di informazioni e dati, e talvolta ci imbattiamo in eventi tragici o ci troviamo a fare i conti con i pensieri suscitati da quei dati o quegli eventi. Sta a ognuno di noi scegliere se filosofare su tutto questo, se vivere o farsi vivere da ciò che è fuori da noi. Quando si è alla deriva sulla zattera dell'incoscienza di quel che accade, anche se il «Perché» risale e viene ributtato subito in mare non annega, prima o poi ritorna. Statene certi.

La domanda sul senso della vita

Sottesa, o meglio implicita, cioè presente ma non specificata, in ciò che abbiamo detto finora è la questione delle questioni: la domanda sul senso della vita umana.

Abbiamo parlato della filosofia come di quell'attività della mente che si occupa del *tutto* e del *problema della vita,* abbiamo parlato anche dell'importanza insopprimibile dei «perché» e del rapporto tra realtà, desiderio di sapere e ragionamento, oltre che della meraviglia (*thàuma*) come fonte della filosofia: meraviglia di fronte all'universo e meraviglia di fronte allo scandalo, all'inciampo in situazioni non programmate e traumatiche. Abbiamo raccolto l'invito a guardare il mondo con «occhi greci», non indifferenti ma meravigliati, interessati a quello che accade a noi, a tutto ciò che ci circonda e di cui veniamo a conoscenza.

Il filosofo del diritto torinese Norberto Bobbio (1909-2004), durante una conferenza, raccontò di un dialogo con un suo ex studente universitario divenuto docente alle scuole superiori, che aveva deciso di partecipare all'iniziativa per il grande bisogno di filosofia che riscontrava anche nei suoi studenti. Erano gli anni Ottanta ma il ragionamento che ne ricavò Bobbio ha valore anche oggi. Almeno a mio avviso. «Gli chiesi», scrisse «che cosa intendesse per "richiesta di filosofia". Mi rispose con una frase che può sembrare un po' sibillina: una richiesta di senso. Traduco: richiesta di senso significa bisogno di dare un senso alla propria vita, alle nostre azioni e a quelle di coloro verso i quali dirigiamo le nostre azioni, alla società in cui viviamo, al passato, alla storia, all'universo intero».

Il professore torinese portava poi un esempio concreto: un incidente autostradale nel quale perdono la vita alcune persone e altre riescono a restare vive. In un caso così drammatico, come in molti altri, sorgono due domande diverse, la differenza tra le quali ci permette di capire meglio il discorso sul senso della vita. La prima domanda potrebbe essere definita «causale» perché verte sulle cause di quanto è successo: in questo caso la filosofia non c'entra, c'entrano gli esperti e i tecnici che dovranno ricostruire la dinamica dell'incidente, le cause, appunto, dello scontro tra i veicoli in autostrada. La seconda domanda, che invece riguarda direttamente la filosofia, può essere chiamata «finale». Perché è accaduto quello che è accaduto e non altro? È una domanda molto più generale, diremmo universale: attiene, appunto, all'uomo e al tutto. La domanda «finale» si può scomporre in tante domande diverse. Perché l'incidente è capitato proprio a quelle persone e non ad altre? Perché alcuni sono morti e altri si sono salvati? «In altre parole» scriveva Bobbio, «nell'un caso si tratta di spiegare un fatto, nel secondo di giustificarlo. Il sapere scientifico e tecnico, quando riesce, dà risposta al primo perché. Non al secondo».

La domanda «finale» si richiama a una grande questione, non certo semplice: in quale disegno generale dell'universo si inserisce l'accadimento di cui pure conosciamo le cause scatenanti? «Ecco cosa significa la domanda sul senso» scrive ancora Bobbio «altro è chiedersi per quale causa, empiricamente conoscibile, è successo quell'incidente, altro è chiedersi qual è il *senso* di questo incidente. Siamo in grado di dare una risposta a questa domanda?». Se riteniamo che tutto l'universo sia regolato dal caso, allora è inutile anche solo porsi la domanda, perché la risposta non c'è; o meglio, è una risposta che per definizione nessuno può conoscere. Se riteniamo invece che l'universo sia regolato dalla Provvidenza, succede una cosa diversa. Sappiamo che c'è un motivo finale, ma poiché si rifà alla Provvidenza ci risulta imperscrutabile, anche in questo caso, cioè, non possiamo conoscerlo. Però sappiamo che un senso c'è, ed è molto diverso dall'asserire che tutto è dominato solo dal caso. Vedremo come questa imperscrutabilità, che riguarda Dio stesso, possa forse diventare la chiave di volta del problema del senso.

Conclude Bobbio: «Diffidiamo di ogni conoscenza che non sia a prova di scienza, ma nello stesso tempo vorremmo sapere qualche altra cosa di fronte alla quale sappiamo benissimo che la scienza è impotente. E questo qualche cosa è nientemeno che il destino dell'uomo su questa terra, e il destino della terra nel sistema dell'universo».

Se è vero che la filosofia non può dare risposte definitive perché il suo campo di indagine è il *tutto*, è altrettanto vero che – benché la mente umana non sia in grado di abbracciare la *totalità* – la filosofia può tenere aperta la mente umana alle grandi domande. Per difenderla dall'indifferenza, quel terribile stato di apatia nel quale non c'è spazio per la partecipazione affettiva, per qualsivoglia forma di interessamento, ma neanche di turbamento. È indifferente l'uomo che di fronte a un oggetto non prova né attrazione né repulsione; di fronte alla necessità di scegliere non propende né per un'alternativa né per l'altra.

Quello dell'indifferenza è un vero e proprio morbo del nostro tempo. La sua avanzata è facilitata da quella realtà virtuale (soprattutto i social, e vale non solo per adolescenti e giovani ma anche per i loro genitori) in cui non ci sono le grandi domande, ci sono solo risposte, più o meno infime, più o meno rozze. In troppe attività online non c'è più neanche l'indifferenza, non si tratta di non scegliere tra questo o quello, perché non c'è più neanche la differenza: è una melassa indistinta che avvolge sempre più fino a inghiottirti e farti sentire a tuo agio anche se ne sei schiavo.

In quest'epoca caratterizzata dall'inconsistenza, che coinvolge dalla cultura alla stessa filosofia odierna (ma c'è ancora?), dal pensiero economico a quello politico, a quello teologico-religioso, ebbene: in questo ondeggiare sulla superficie, ecco emergere la richiesta di filosofia, il bisogno di dare senso all'uomo e alla totalità, di andare oltre il reale, ma anche oltre il pericoloso e subdolo irreale del virtuale.

Come scrive molto saggiamente Abbagnano: «l'indifferenza è veramente la morte dell'uomo. Tali sono soltanto le grandi domande. Il compito della filosofia oggi è di tenere in vita queste grandi domande, perché impediscono alla massa degli indifferenti di divenire preda del fanatismo di pochi». Come il fondamentalismo religioso, o come il fondamentalismo non religioso di movimenti monotematici (per esempio gli ambientalisti) e il fanatismo dei molti disperati con le tasche piene sui social.

C'è una fortuna, in tutto questo: ogni uomo, a suo modo, può essere filosofo, e di fatto lo è. E questo aspetto, se coltivato, può essere di grande aiuto nel proteggerci dalla melassa e portare senso nelle nostre vite.

Ne parliamo in questo libro.

I

LA PERSONA

La domanda

Che cosa vuol dire essere una persona?

Che cosa distingue una persona da un animale?

Perché le persone, nei diversi ruoli che rivestono, si sentono spesso soffocare, provanò la sensazione di stare dentro una gabbia che non le lascia libere di scegliere quello che vorrebbero?

Quando una persona riesce a provare l'ebbrezza della libertà?

Quali sono le condizioni indispensabili affinché la persona senta di poter sviluppare sé stessa secondo ciò che desidera essere, il suo progetto di vita?

Calogero detto Gero, la zampa del cane e la sua redenzione

Calogero era nato in una famiglia in cui si poteva parlare poco, a parte dire di sì a qualsiasi cosa dicessero il padre Pino, che entrava e usciva dal carcere dell'Ucciardone molto frequentemente per questioni di mafia, o al fratello Totò, anche lui ospitato per periodi più o meno lunghi nelle patrie galere.

L'unica certezza che regnava in quella casa erano le botte. A tutti, esclusi la sorella Rosalia e il fratello Totò che, come vedremo, era fatto della stessa pasta del padre. Anche alla povera mamma Agata, detta Agatina: botte quotidiane, quando non dal padre, da Totò. Le botte spesso non avevano alcun motivo, in quella casa si picchiava, non contavano le ragioni: si doveva vivere nel terrore perché questa era la legge. Nessuno doveva avere la presunzione di esprimere un'opinione, un pensiero, una richiesta che non fosse quella di un po' di soldi per comprare le cose da mangiare e tanto, tanto vino per soddisfare le voglie del padre e del fratello. I periodi di pace, in famiglia, erano quelli durante i quali il padre e Totò erano in galera.

Del resto, nelle famiglie di mafia e nelle organizzazioni criminali non ci sono persone: la personalità dei membri deve essere annullata affinché diventino strumenti di odio, violenza, omicidi, gambizzazioni, estorsioni. Insomma, terrore puro. Là dove si era trovato a nascere lo sfortunato Gero questa legge valeva anche in casa. Non erano l'alcol e la cocaina il motore, anche se amplificavano il tutto, e qualche volta erano la miccia di quella bomba di disumanità che erano Pino e Totò.

Rosalia, la sorella, non aveva finito neanche le elementari perché ancora una volta il padre aveva deciso per lei: doveva aiutare la madre nelle faccende domestiche e assisterla anche quando andava a fare le pulizie in altre case. Quando cominciò aveva nove anni. A scuola non ci tornò più, sapeva appena leggere e scrivere.

Il maestro di Calogero apparteneva a una famiglia di mafiosi ma, rischiando la morte per mano di suo padre, decise di fare di tutto, compreso l'andare via da Palermo per alcuni anni, per poter continuare a studiare e diplomarsi alle scuole magistrali. Aveva sempre voluto fare il maestro. Era anche una forma di riscatto dalla sua vita in famiglia: dare una mano ai bambini a crescere studiando, e così tentare di forzare la gabbia mentale costruita dalle rispettive famiglie, in molti casi mafiose. Veniva dal quartiere Brancaccio, ed era stato sotto l'ala protettiva di un sacerdote, prima che fosse ucciso da qualcuno che il padre conosceva fin troppo bene.

Al maestro Giovanni quel giorno morì suo padre, quello vero. Poco dopo morì ammazzato anche suo padre, quello che risultava tale ma solo all'anagrafe. Conosceva bene la mafia per averla subita sulla sua pelle e sapeva bene che i mafiosi consideravano la scuola un luogo dove, in particolar modo i figli maschi, rischiavano di apprendere valori in contrasto con il codice mafioso, ma anche una perdita di tempo per quei picciotti non più bambini e non ancora adulti, che potevano essere arruolati a tempo pieno come manovalanza criminale, fino all'uso di pistole e mitragliette. Il maestro conosceva la mentalità della mafia e sapeva parlare il suo linguaggio.

Fu così che decise di affrontare il padre di Gero, che non voleva che il figlio andasse alle medie. Chiese un permesso al tribunale di Palermo, spiegò le motivazioni e gli fu concessa una visita al padre di Gero all'Ucciardone. Pino fu avvisato dalle guardie carcerarie di dover scendere per una visita autorizzata dal tribunale. Rimase meravigliato perché quello non era il giorno delle visite, quando regolarmente la povera Assuntina andava a trovarlo. Comunque, non commentò e seguì disciplinatamente le guardie.

Arrivò nella sala colloqui che quel giorno era deserta e si trovò davanti uno sconosciuto, un uomo sulla quarantina molto curato ed elegante. Si sedettero e subito Pino chiese: «Chi siete? Che volete? Chi vi manda?»

«Nessuno» rispose il maestro, «sono il maestro di Calogero e vi volevo parlare.»

«Che ha combinato quel farabutto?»

«Nulla» rispose il maestro «sono venuto qui di mia iniziativa perché volevo solo parlarvi di Gero.»

«L'avete bocciato quella testa dura come un macigno?»

«No, è passato con dei bei voti, si è impegnato molto, ma so che voi non volete che continui a studiare iscrivendosi alle scuole medie.»

«E voi» disse Pino col tono che si stava alterando «di cosa vi impicciate? A casa mia comando io, e chi disubbidisce poi si piglia le conseguenze. La scuola non serve più, non deve imparare altro da quel che so io e che lui non sa ancora. Deve seguire la mia strada e quella del fratello Totò che è qui rinchiuso pure lui senza aver fatto niente, come me. Vi è chiaro, signor maestro, o devo spiegarmi meglio?»

«Vengo da una famiglia in cui ho respirato la stessa aria vostra sin da bambino, vengo da Brancaccio e mio padre la pensava esattamente come voi, dunque ho capito benissimo. Anzi la ringrazio per la chiarezza.»

«Non mi dovete prendere per il culo perché altrimenti mi alzo e me ne vado.»

«Non mi permetterei mai con vossia, conosco bene le regole.»

«E voi come avete fatto a studiare se queste fetenzie che mi dite sono vere?»

«Mio padre è morto ammazzato in una mattanza di mafia.»

«Quindi lo avete tradito, non ne avete neanche rispettato la memoria.»

«Non è così perché mio padre era un uomo d'onore e agli uomini d'onore si deve rispetto e io glielo porto e glielo porterò sempre.»

«Sì, ma non avete fatto quello che lui avrebbe voluto.»

«Certo, ma non è che studiare è tradire un uomo d'onore, magari lo è fare lo sbirro o il magistrato. Studiare non c'entra nulla.»

Il discorso non era facile da affrontare ma il dichiarato rispetto per gli uomini d'onore e il neanche tanto velato disprezzo per le forze dell'ordine e i magistrati mostrato dal maestro avevano significato non poco per Pino. Era disteso e non più aggressivo come alle prime battute del dialogo che si sarebbe potuto concludere molto prima. Il maestro era preparato a quell'evenienza. Sapeva che non sarebbe stata una passeggiata.

Pino si accese una sigaretta dopo averne offerta una al maestro, che da fumatore accanito accettò di buon grado, e poi, guardandolo dritto negli occhi, si avvicinò a lui e gli disse: «Se quella gran testa di minchia vuole continuare a studiare, al pomeriggio deve lavorare senza essere pagato come manovale in un cantiere di amici miei che hanno vinto un appalto per la costruzione di un nuovo reparto di un ospedale. Così quello sminchiato paga la sua scelta di merda. Se non lo fa o lo fa male, la responsabilità è vostra, poi penserò io a vedermela con mio figlio. Tutto chiaro?»

«Anch'io ho studiato lavorando, non ci vedo nulla di male. Orario?»

«Dalle tre alle sei sabato compreso. La domenica aiuterà la madre.»

«D'accordo signor Pino, ci siamo intesi. Vi assicuro che tutto sarà fatto come dite voi, nessuno sgarrerà, né io né Calogero. Parlerò chiaramente con lui. Mi assumo le mie responsabilità.»

«Vi saluto» gli disse Pino alzandosi, e prima di raggiungere la porta per tornare in cella, si voltò ancora verso il maestro. «Guardate che io e i miei amici non sopportiamo scherzetti e tradimenti, sennò sono cazzi per voi e per quel deficiente di Gero, capito?»

«Ci siamo intesi, tranquillo, so di cosa parla, vengo da Brancaccio, non da Milano.»

Il maestro uscì contento anche se preoccupato per il piccolo Gero, che avrebbe dovuto fare un lavoro pesante e studiare. Per fortuna, pensò, era molto intelligente, imparava velocemente e aveva una volontà di ferro, e comunque molto meglio questa soluzione che ciò che lo avrebbe atteso altrimenti. Pino, da parte sua, sapeva che in questo modo avrebbe dato un segnale a qualcuno con cui aveva avuto da ridire, garantendosi anche dal carcere una certa sicurezza in più per sé e suo figlio Totò.

Dopo pochi giorni, il padre di Gero uscì di galera per

un breve permesso di qualche giorno. Appena arrivato a casa gonfiò di botte il figlio perché trovò in casa un cane di cui lui non sapeva nulla, e la stessa sorte toccò anche alla disperata madre, perché della moglie, ormai da tempo, non era rimasto nulla. Anche quando Pino era a casa, a parte picchiarla e impartirle ordini non c'era spazio per altro. Ogni tanto concedeva una carezza o un bacio alla figlia. Per gli altri nulla. Non aveva mai baciato o abbracciato o accarezzato Gero neanche quando era nato perché era chiuso in carcere. Nella sua testa era un modo per azzerare i sentimenti e renderlo forte, prepararlo alla mentalità mafiosa che non prevede cedimenti emotivi e di umanità, e quand'anche vi fossero non devono essere mai mostrati, almeno per la manovalanza giovane.

«Sminchiato, se vuoi tenere il cane lo tieni giù in garage legato con una catena d'acciaio corta in modo che non possa combinare casini, capito? E gli procuri tu il cibo, come fare sono cazzi tuoi.»

Gero uscì immediatamente di casa, non prima che il padre avesse conciato il cane per le feste, dicendo: «Anche lui deve sapere dov'è e con chi ha a che fare». Gero scese le scale piangendo e portò il cane nel garage che, per fortuna, non era completamente buio, dato che filtrava un po' di luce dalla finestra. Lo legò come gli era stato ordinato e si fermò un po' con lui tentando di curargli le ferite e consolarlo per i calci scagliati dall'aguzzino che avrebbe dovuto essere un padre di famiglia. Gero aveva chiamato il cane Pippo, perché lo aveva colpito il personaggio: quando aveva modo di leggere i fumetti di Walt Disney rideva a crepapelle, cosa che in casa non avrebbe potuto assolutamente fare.

Presto finirono i giorni di permesso premio e il padre dovette rientrare in carcere. Pochi giorni dopo subì un importante processo che si concluse con una condanna a vent'anni, così come per il fratello. Non li avrebbe più visti. Non molti anni dopo, sia il padre che il fratello, a distanza di pochi mesi l'uno dall'altro, morirono in carcere, entrambi accoltellati per vecchi conti in sospeso.

A quel punto l'incubo finì, ma purtroppo non era stato così negli anni precedenti, per il piccolo Gero che frequentò le medie con risultati davvero brillanti anche se continuò a lavorare fino alla terza media presso il cantiere dove lo aveva spedito il padre. Alcuni dei muratori presero a cuore il ragazzino e ogni tanto gli mettevano in tasca qualche soldo. Lo venne a sapere chi non lo avrebbe dovuto sapere, il padrone, e vennero massacrati di botte. Uno reagì a quella violenza ingiustificata menando uno dei picchiatori e di lì a poco venne ucciso, sotto casa, la mattina presto, mentre stava andando al cantiere. I muratori sopravvissuti non si persero d'animo e trovarono dei modi per continuare a dare qualche spicciolo alla loro mascotte, Gero.

Pippo cresceva, quando Gero lo aveva raccolto per strada era un randagio – il quartiere era pieno di cani abbandonati – e ora era diventato il suo migliore amico, anche perché studiando e lavorando non aveva mai tempo di frequentare gli amici che giocavano a pallone in strada nei rioni di Brancaccio e della Kalsa, che non erano decisamente tranquilli: tutti i ragazzini come lui, prima o dopo, entravano a far parte dell'«organizzazione» e smettevano di andare a scuola, con il consenso dei genitori che erano della stessa risma.

Il padre di Gero, prima di morire, aveva lasciato delle disposizioni riguardo al figlio stesso a un amico mafioso, che non avrebbe potuto mancare a quello che gli aveva detto di fare. «Vedi che mio figlio si sta affezionando troppo al suo cane. Vedi di fare quello che devi.» «Intesi», rispose il mafioso: «tra poco esco e al cane ci penso io».

Per adempiere al comando di Pino, il criminale escogitò un piano di una ferocia inimmaginabile. Un pomeriggio verso le sei e mezzo, quando sapeva che normalmente Gero rientrava dal lavoro, bussò alla porta di casa sua. Gli aprì lo stesso Gero. «Mi ha detto tuo padre di insegnare al cane un po' di cose perché diventi più bravo di quello che è già. Sono un allevatore di cani, fidati di me.»

«Ma Pippo è già bravo» accennò Gero «è ben educato, corre veloce e poi è abituato a stare con me e io con lui, è il mio migliore amico e non posso stare senza di lui così tanto tempo, la prego lo lasci a me.» A questo punto i toni dell'uomo inviato da Pino si fecero minacciosi e Gero prese paura e non disse più una parola. Capì che non era aria.

«Forse non l'hai capito bene picciotto, questo è un ordine di Pino e c'è poco da discutere. Va eseguito e subito. Non voglio pagare io le conseguenze per uno sminchiatello qualsiasi. Chiaro?» Gero annuì con il capo. «Ho bisogno di tenerlo per una decina di giorni nel mio campo di addestramento e poi te lo riporto. Vedrai che non lo riconoscerai al ritorno. Gli insegneremo una quantità di cose belle che neanche puoi immaginare. Potremo farlo partecipare alle corse dei cani e lo faremo vincere. Come hai detto che si chiama?»

«Pippo» rispose con un filo di voce uno sconvolto Gero, che aveva una paura folle per le sorti del suo amato, ma non poté rifiutarsi, dato il tono minaccioso dell'uomo, che si chiamava Gaetano e gli aveva fatto capire che non poteva neanche pensare a dir di no. Lo accompagnò in garage, sciolse il cane e lo consegnò a quel tipo che gli ricordava molto suo padre. L'uomo lo caricò sul sedile posteriore di una macchinaccia e si allontanò.

Gero tornò a casa e, non essendoci né Pino né il fratello, poté scoppiare in un pianto disperato, mentre la madre e la sorella si erano ritirate nelle loro camere impaurite come non mai. Lo facevano in ogni occasione di questo tipo. Il padre era tornato nel peggiore dei modi possibili: privando Gero dell'amico fedele e unico. Il piccolo e sfortunato Calogero contava le ore aspettando il ritorno di quell'uomo così losco e subdolo.

I giorni passavano lenti e nel suo cuore cresceva l'angoscia. Dietro il volto dell'uomo che gli aveva portato via il cane rivedeva gli occhi di suo padre, che non gli aveva mai sorriso, ma aveva sempre mostrato un ghigno agghiacciante, beffardo, feroce che sembrava come scolpito sul suo viso, inamovibile: il ghigno della mafia. Del resto il padre non aveva più una personalità propria, nel codice non scritto della mafia quella non conta, contano solo il ruolo che ti viene affidato e i compiti da portare a termine. Il ruolo mafioso fa scomparire la persona, deve annullarla, non lasciare che inquini la missione che ha «scelto». Quindi, nessuna sensibilità verso le tragedie da loro causate, nessuna pietà per nessuno, né uomini né animali; insomma, nulla che possa inquinare il ruolo facendo prevalere sé stessi, i propri desideri e i propri sentimenti o idee: o ci sono questi o c'è il mafioso, insieme non possono stare. E non si può essere amici dei mafiosi e rimanere persone libere di pensare ciò che si vuole, di seguire la propria strada, i propri sogni, i propri desideri: tutto materiale inquinante per il vero adepto della mafia.

Gero fino allora, in qualche modo e con l'aiuto del maestro – ma a duro prezzo –, era riuscito a divincolarsi dai tentacoli di questa piovra enorme, sproporzionata per le forze di un bambino o un ragazzo. Ce l'aveva fatta, almeno fino a quella sera, all'incontro con Tano, uno dei più spietati criminali della zona, temuto da tutti, anche da alcuni mafiosi, ovviamente senza dirlo per non cadere nell'infamia di ciò che un uomo d'onore non può mostrare: la paura.

Il cane non fu riportato a casa, ormai era passato quasi un mese. Gero stava perdendo le speranze e potete immaginare le condizioni nelle quali era. Aveva ancora nel cuore il suo Pippo e non si dava pace di non averlo lì, con lui. Si chiedeva ininterrottamente se lo nutrissero, dove fosse, che cosa gli facessero fare. I suoi sentimenti avevano trovato finalmente un rifugio, un porto sicuro dove essere contraccambiati – sia pure da un animale – quello che nessuno gli aveva mai dato in quella maledetta famiglia.

Una sera si ripresentò Gaetano detto Tano. Quando bussò alla porta della casa di Pino aprì la madre di Gero, Assuntina. «C'è Gero? Ho ordini da Pino di portarlo in un posto e poi lo riporterò a casa, state tranquilla Assunta, non succederà nulla, avete la mia parola.»

«Gero non è in casa, è giù in garage.» Spesso Calogero passava qualche tempo lì, soprattutto verso l'ora di cena: in qualche modo gli sembrava di stare vicino a Pippo. Se ne stava rannicchiato nel posto dove il cane, quando era legato alla catena imposta dal padre, passava di solito il suo tempo. Stando lì trovava un po' di ristoro anche se, per la verità, era una sensazione che si mischiava al dolore per il distacco insopportabile dal suo amatissimo compagno di vita.

Tano scese in fretta le scale e bussò alla saracinesca del piccolo garage: «Sono Tano, ti riporto a prendere il cane». Gero aprì in un lampo la saracinesca storta e malfunzionante, con tutta la forza che aveva, e si trovò davanti lo stesso omaccio che più di un mese prima gli aveva portato via Pippo, inventando una storia alla quale non aveva creduto fin da subito. Perché mai, infatti, il padre avrebbe dovuto avere a cuore che l'odiato cane fosse allenato per partecipare alle corse, fino a vincere? Non tornava nulla in questa storia. Fatto sta che Gero si accomodò sul sedile anteriore della solita macchinaccia su cui era salito Pippo e si avviarono verso una destinazione sconosciuta.

Fecero un po' di strada tra i campi fino ad arrivare a un incrocio tutto svincoli e viadotti. Era ormai notte e, appena scesi, Gero notò un recinto fatto di pali e una rete di ferro, illuminato e circondato da persone che urlavano e si scambiavano soldi di mano in mano. Mentre si avvicinava, spinto da Tano perché aveva paura, cercava di immaginare cosa stessero facendo e cosa ci facesse lì il suo Pippo. Si trattava di combattimenti clandestini tra cani. Il suo Pippo non era stato portato in un canile per addestrarlo a tante cose tra cui la corsa tra cani: era stato rinchiuso in una gabbia angusta e stretta, al buio, dove ogni tanto gli davano qualcosa da mangiare e quotidianamente, come tutti gli altri cani delle gabbie vicine, veniva preso a bastonate. Volevano sviluppare in loro rabbia e aggressività perché fossero pronti ai combattimenti.

Al contrario degli altri cani, Pippo era piccolo, non aveva il fisico dei rottweiler o dei pitbull: era un cocker e gli altri cani avrebbero avuto certamente la meglio.

Arrivarono facilmente al recinto dei combattimenti, anche perché alla vista di Tano si aprì uno spazio tra la folla che circondava il luogo, illuminato dai riflettori. Sopra al recinto c'era talmente tanto traffico che nessuno avrebbe potuto sentire qualsiasi latrato; per di più il posto era abbastanza isolato e, comunque, nessuno avrebbe avuto il coraggio di avvicinarsi a piedi.

«Tra poco è la volta di Pippo. Vediamo se Pippuzzo tiene i coglioni oppure no.» Gero era come paralizzato, sia nel corpo sia nella mente. Anche se avesse detto qualcosa, in quel vociare assordante non lo avrebbe sentito nessuno.

Alla fine toccò a Pippo che avrebbe dovuto combattere con un bestione grande il doppio di lui e sicuramente avrebbe finito per soccombere. Questo era il piano criminale escogitato dal truculento Tano. Non solo ammazzare il cane, ma farlo nel modo peggiore possibile per il piccolo Gero, che avrebbe dovuto vederlo morire azzannato dopo un combattimento tragico e feroce impossibile da affrontare.

Poco dopo l'inizio del confronto – forse un minuto o due – il rottweiler lo aveva già conciato assai male, ma anche Pippo ce la stava mettendo tutta, e qualche morso giusto lo aveva azzeccato pure lui. Le condizioni del cane, però, erano ormai tali che chiunque avrebbe pensato, vedendolo, che sarebbe morto di lì a poco.

Ma accadde qualcosa di imprevisto. L'arrivo della polizia, che da tempo era sulle tracce di questi giocatori clandestini, cambiò lo scenario in qualche secondo. Giunsero molte auto e camionette a sirene spente e circondarono quel luogo maledetto. Nessuno ebbe modo di scappare, salvo Gero e il suo Pippo che riuscirono a farsi spazio tra la folla senza essere notati. Furono sequestrati i cani, e gli uomini presenti furono messi in stato di fermo e caricati su dei pullman della polizia alla volta della Questura.

Gero aveva in braccio il suo Pippo, si era rifugiato sotto un pilone dell'autostrada. Tratteneva le lacrime perché nella sua mente pensava che, se avesse pianto, magari il cane sarebbe stato peggio. Continuava a parlargli, ma Pippo era in una specie di dormiveglia, sanguinava da varie parti del corpo e non dava segni di vita, finché, a un certo punto, allungò la zampa destra, praticamente fracassata dai morsi, verso Gero che non credeva ai suoi occhi. Con questo gesto sembrava che fosse il cane a consolarlo. Come a dirgli: «Eccomi qui, siamo di nuovo insieme, ce la faremo anche questa volta». In realtà era Gero che lo diceva al malridotto Pippo. Gli prese la zampa e non gliela lasciò più per tutto il tempo che rimasero lì.

Quella zampa che il cane gli aveva teso tra dolori lancinanti avrebbe segnato la vita del piccolo Gero: uno di quei segni indelebili, profondi, che arricchiscono la vita e la rendono definitivamente diversa, più bella. Proprio così, la zampa di un cane malconcio.

Due poliziotti rimasti sul posto stavano ispezionando la zona con pistola e torcia in mano per accertarsi che nessuno fosse riuscito a farla franca. Vennero colti di sorpresa dalla figura di un bambino con in braccio un cane che – ancora prima che si avvicinassero – gridò verso di loro: «Non portatelo via, lui non c'entra nulla con questi delinquenti, è il mio cane e mio padre dal carcere ha comandato che fosse ucciso dando l'incarico a un certo Tano!»

I poliziotti di fronte a una scena così insolita, e considerando il tono accorato di quel povero bambino, vittima innocente e inconsapevole di qualcosa di molto più grande di lui, si guardarono e gli dissero: «Stai tranquillo. Ci pensiamo noi al tuo cane, lo portiamo nella clinica veterinaria dei cani poliziotto e lo rimettiamo a posto. Ora dicci dove abiti, ché è tardi e devi tornare a casa». Gli lasciarono due numeri di telefono scritti su un fogliettino di carta, con i relativi nomi. «Per qualsiasi cosa chiama questi numeri. Non fare nulla da solo senza avvisarci, soprattutto se dovesse ricomparire quel personaggio.» Gero non aveva il telefono a casa perché suo padre non lo aveva mai voluto, ma a due passi c'era una cabina telefonica a gettoni. Non sarebbe stato facile telefonare in caso di urgenza, ma in qualche modo si sarebbe arrangiato, come del resto aveva sempre fatto sin da piccolo.

Gero ripensava alla zampa del suo amico cane Pippo. Gli veniva da piangere, era cosciente del male che gli aveva fatto quel terribile rottweiler all'interno del recinto, e del male che aveva subìto nei giorni della preparazione alla sfida clandestina. Eppure, nonostante tutto questo, gli aveva porto la zampa e lo aveva guardato con quegli occhi pieni di dolore, un gesto che, in quelle condizioni, sembrava più voler consolare il piccolo Calogero che non cercare consolazione. Ci pensava e ci ripensava continuamente, a quella piccola zampetta che in una notte così violenta, sanguinaria, buia, aveva improvvisamente acceso una luce, un sentimento, un po' di pace in quel luogo di guerra tra animali e tra i loro proprietari, un anelito d'amore là dove regnava la sete di sangue.

Il padre di Gero, in carcere, venne a sapere che il cane non era stato ucciso, e fece ammazzare Tano che non era stato capace di fare quello che gli aveva ordinato. Era un patto tra loro due, e Tano non lo aveva rispettato, non poteva continuare a vivere, era un infame. Lo freddarono al bar con un solo colpo alla nuca. Il corpo rimase riverso sul tavolino del bar dove era seduto in una pozza di sangue. Essendo ormai vicina la mezzanotte il barista tirò giù la saracinesca e tutti se ne andarono via di corsa. Le poche persiane ancora aperte, o solo socchiuse, delle case circostanti furono sbarrate appena si sentì il colpo di pistola. Il tutto avvenne in una specie di piazzetta che fece da cassa di risonanza allo sparo: gli abitanti del vicinato non poterono non sentire.

Non finì qui. Lo stesso Pino non sopportava lo smacco. Seppe che il cane era ritornato vivo a casa. Non ne fece parola con la moglie durante il colloquio per non destare sospetti. Incaricò un sicario sotto minaccia di morte come nel caso di Tano. «Se non vuoi fare la fine di Tano devi uccidere quel cane e lo devi mostrare morto a Gero. Ci penserà lui a farmi sapere se lo hai fatto.»

Il sicario passò a prendere Gero. «È un ordine di tuo padre. Dobbiamo vedere se il cane è guarito bene e ce la fa a correre in un campo qui vicino.»

«Ma Pippo non può correre, è appena tornato dalla clinica veterinaria. Cammina a stento, deve riprendersi.»

«Piglia questo cazzo di cane sennò lo prendo io e te lo ammazzo qui in casa. Non voglio fare la fine di Tano, capisci, picciotto?»

Gero capì che la vita del suo amato compagno sarebbe davvero finita per sempre. Saliti in macchina si avviarono verso la campagna e in pochi minuti arrivarono nel luogo prescelto dal sicario. Avvenne tutto in modo velocissimo. Fece scendere il cane dalla macchina e cominciò a urlargli: «Cammina bastardo» sferrandogli delle bastonate. «Facci vedere di cosa sei capace, cane di merda.» Gero lo seguiva stando sempre dietro di lui. Questa tortura durò per circa duecento metri, finché il sicario estrasse la pistola dai pantaloni coperti dalla giacca e prese la mira. Stava per spararagli, quando Gero, fattosi coraggio, incoscientemente, gli saltò addosso: il colpo fu sparato in aria, poi il sicario ne sparò un altro da terra ma non colpì il cane, bensì un braccio di Calogero. Lì vicino c'erano delle case, qualcuno aveva visto tutto, così il sicario corse alla macchina e scappò via a tutta velocità per paura che qualcuno avvisasse la polizia.

Il cane era disteso a terra sanguinante e in preda al dolore per le bastonate, guaiva come Gero non aveva mai visto. Dopo qualche tentativo riuscì a prenderlo in braccio e ad avviarsi verso il paese vicino. Chiese a un contadino se ci fosse una cabina telefonica nelle vicinanze e il pover'uomo gli indicò la strada per raggiungerla a circa un chilometro di distanza. Gero si avviò con in braccio il cane, che aveva posato la solita zampa sul braccio sinistro del suo amico accennando ogni tanto qualche impercettibile movimento, come ad accarezzare il braccio del suo padroncino. Un gesto impercettibile, sì, ma del quale Gero si rese subito conto: scoppiò in un pianto che era qualcosa tra la disperazione e la gioia per Pippo che l'aveva scampata una seconda volta, contro la volontà del padre di farlo fuori.

Riuscì a percorrere tutto il tragitto, ma il dolore al braccio destro, dove era stato raggiunto dal colpo di pistola, iniziava a farsi più intenso e il cammino divenne più lento. Teneva sempre in tasca i numeri che gli avevano dato i poliziotti e un po' di gettoni. Ogni tanto – a intervalli sempre più ravvicinati – si fermava e si sedeva perché la ferita perdeva sangue ed era stremato dalla fatica. Finalmente raggiunse la cabina, adagiò il cane a terra e chiamò. Il primo tentativo fallì, ma il secondo andò a buon fine: «Sono Calogero. Hanno tentato di nuovo di ammazzare il cane e hanno ferito me a un braccio, perdo tanto sangue».

La risposta fu lapidaria: «Dove sei?» Gero indicò la località. «Stai lì alla cabina telefonica che arriviamo in un momento, capito?»

«Sì, non mi muovo» rispose Gero, che si accasciò a terra con il cane accarezzandolo con una mano, mentre con l'altra tamponava la ferita con uno straccio trovato strada facendo.

La macchina della polizia arrivò a sirene spiegate, destando naturalmente la curiosità degli abitanti del paesino. Gli agenti caricarono immediatamente Gero sull'auto, steso sul sedile posteriore, dopo avergli legato al braccio una cintura molto stretta, un po' più in su della ferita. Il cane stava tra le gambe del capopattuglia sul sedile anteriore destro. Durante il breve percorso i poliziotti si fecero raccontare com'era andata e chiesero a Gero se avesse saputo riconoscere l'uomo. Il ragazzo disse tutto e confermò che lo avrebbe certamente riconosciuto, ma sul finire del racconto svenne: la paura, la stanchezza, il dolore al braccio ebbero la meglio sul povero ragazzo. Arrivarono al Pronto Soccorso, un poliziotto lo prese in braccio mentre l'altro portò il cane alla clinica veterinaria.

Per fortuna la pallottola era passata da una parte all'altra senza toccare né l'osso né l'arteria brachiale di Gero. Lo medicarono e se la cavò con qualche punto. I poliziotti, allora, lo riportarono a casa, ma disposero che per quella notte una volante stazionasse sotto il palazzo. I rischi di vendetta erano troppo alti, e il sicario era ancora a piede libero.

Gero, a quel punto, si sentì al sicuro. La madre e la sorella, in puro stile omertoso, non chiesero nulla né a lui né ai poliziotti, salvo ascoltare le istruzioni che dettero a tutti e tre: «Non aprite a nessuno e se vi accorgete di qualcosa di strano avvisate subito i poliziotti, che staranno qui finché non torneremo a riprendere Gero domattina verso le dieci. Nessuno esca di casa, capito?» Le due annuirono, Gero disse che aveva capito e che si sarebbe comportato come gli avevano detto.

Per Calogero non fu una notte come le altre: fu la notte che determinò un cambiamento radicale della sua vita; una notte, più che inusuale, straordinaria. Pur avendo un po' di dolore al braccio e pur essendo turbato profondamente da quello che era successo, la zampa del suo amico cane dominava i suoi pensieri. Era come se quel gesto istintivo, così pieno di significato, gli avesse mostrato uno squarcio di come poteva essere la vita delle persone lontano dalla sua famiglia e dal suo quartiere (molti amici di suo padre e di suo fratello erano avanzi di galera). Capì definitivamente che lui, da lì, voleva andare via perché non era come loro. Porgendogli la zampa seppur sofferente, Pippo gli aveva rivolto un richiamo, anzi un appello, un'invocazione a una vita vissuta umanamente, e non secondo l'innaturale, violento e barbaro codice del mafioso: una vita in cui scegliersi un ruolo e in cui mettere tutto il calore, tutta la compassione, tutta l'amicizia del povero Pippo, il senso di umanità che gli aveva trasmesso. Ciò che il cane aveva fatto con lui era ciò che lui avrebbe voluto fare con gli altri uomini e donne. Fu come un'illuminazione improvvisa, ma profonda.

Nella sua mente ancora da ragazzino aveva capito che, prima o poi, il padre e il fratello lo avrebbero costretto ad affiliarsi all'organizzazione mafiosa. La scuola media era finita e non aveva più scuse. Doveva scappare lontano da quella gabbia mortale nella quale si sentiva come il suo cane davanti al rottweiler. Avrebbe chiesto aiuto a quelli che considerava, più che amici, dei veri e propri salvatori, i due poliziotti.

I quali, puntualmente si presentarono a casa sua la mattina dopo, alle dieci. Gero non aveva praticamente chiuso occhio, si era lavato e vestito già all'alba, stava seduto su una sedia, con le finestre e le persiane sbarrate. Lo portarono a riconoscere il sicario mostrandogli delle foto. Alla terza immagine lo riconobbe immediatamente, senza alcun dubbio. Ma non ci fu bisogno che la polizia facesse troppe ricerche o che si celebrasse un processo. Pino, dal carcere, avendo saputo quanto successo, gli fece fare, due giorni dopo, la stessa fine del primo. Lo trovarono morto con un unico colpo alla nuca, sotto casa.

I poliziotti dissero a Gero che per qualche giorno avrebbe dovuto abitare in una casa protetta, lontana da lì e continuamente sorvegliata. «Va bene» disse Gero «certamente sarà meglio che casa mia, peggio è impossibile.» Gli riconsegnarono il cane, che era guarito, e gli concessero di portarlo con sé al nuovo domicilio.

Gero manifestò ai poliziotti la sua duplice intenzione: continuare a studiare, imparare a fare il falegname, andare via da lì per sempre.

Uno dei due poliziotti era di Verona, sapeva che nelle vicinanze della città veneta c'era un istituto professionale gestito dai religiosi, gli sembrava di ricordare che fossero salesiani. Bastò una telefonata perché i religiosi, venuti a conoscenza della storia di Gero dal racconto dello stesso agente, offrissero senza esitazioni la loro disponibilità. Pochi giorni dopo Gero era sul treno per Verona accompagnato dal poliziotto che lo aveva introdotto all'istituto. Ci sarebbe rimasto per cinque anni, per poi divenire a sua volta insegnante nella stessa scuola. Era diventato un falegname provetto. Nell'istituto era molto amato perché riversava sugli alunni – alcuni problematici e con brutte storie alle spalle, come la sua – dosi abbondanti di umanità fino a infonderla in loro, o almeno ci provava sempre.

Poco dopo la conclusione degli studi aprì una piccola falegnameria con altri due professori, senza mai smettere, comunque, di insegnare. Pippo intanto cresceva, era forte e molto simpatico, era un po' l'amico di tutti, soprattutto dei ragazzi della scuola.

Ogni tanto Gero sentiva il poliziotto che lo aveva accompagnato, a cui dimostrava una riconoscenza continua e sconfinata. Grazie al suo impegno era riuscito a riprendere a vivere, anzi a *cominciare* a vivere. Perché se era vero che sin da piccolo aveva intuito, e poi man mano, crescendo, capito che quella in Sicilia non era la sua vita, certamente poi si era fatto tutto più chiaro: aveva compreso il ruolo di quel poliziotto che si era preso cura di lui, il modo in cui docenti e religiosi dell'istituto tecnico-professionale lo avevano accolto, con un calore che gli sembrava potesse bruciarlo, considerando che gli era sempre totalmente mancato negli anni trascorsi in famiglia.

Quante zampe gli si erano avvicinate, lo avevano incoraggiato, lo avevano sostenuto in qualche momento di sconforto, lo avevano fatto sentire non un potenziale manovale della criminalità ma una persona. Ecco, una persona. Capì, molto dopo la notte del combattimento clandestino tra cani e la lotta con il sicario, che una persona è tale se può esprimere quello che ha dentro, il modo in cui è fatta; capì com'era fiorire in una vita libera da ruoli imposti – come quelli che avrebbero voluto affibbiargli suo padre e suo fratello, ormai morti da anni –, andare oltre, non fermarsi mai, cercare di essere migliore e di fare sempre meglio. E adesso era lui che doveva offrire la zampa agli altri perché una persona non è un monolite solitario, e il rapporto con gli altri nasce dentro sé stessi. Ci volle tempo per arrivarci, ma Gero ci arrivò. Non dovette inventarsi nessun ruolo. Scoprì, in parte inconsciamente, che era già tutto in lui, e imparò a ringraziare la vita per avergli donato tanto.

Al secondo anno della scuola professionale, con i pochi spiccioli che aveva in tasca fece incidere su una medaglietta rotonda che poi appese al collare del cane: «GRAZIE, PIPPO. La tua zampa mi ha indicato la strada da seguire».

Calogero, detto Gero, non poteva sapere che il professor Karol Wojtyła e il filosofo francese Emmanuel Lévinas...

«Non è solo la propria fisionomia ad essere assai significativa per l'uomo. Non c'è nulla di più importante per la sua intima formazione, del fatto che egli incontri un uomo davvero grande, e sperimenti l'impulso della sua figura. Essa si imprime; opera in lui; asseconda; rischiara. E, insieme, chiama ad una lotta. Quella grandezza viene riconosciuta e accolta; contemporaneamente s'accende la battaglia per la propria consistenza personale.» Sono parole di Romano Guardini (1885-1968), teologo italo-tedesco, tratte da un suo libro sull'uomo, *Mondo e persona* (1995). Una volta ricevuto l'influsso positivo di una figura di grande uomo, per un individuo inizia «una lotta», non per diventare una sua copia (sarebbe un errore) o riuscire a emularlo, ma per divenire sé stessi, dando spessore, valore, consistenza, solidità, grandezza – appunto – alla propria persona.

Gero, al contrario, era figlio di un uomo veramente piccolo che, aderendo alla mafia, aveva prosciugato sé stesso di ogni umanità, di ogni sentimento che potesse influenzare negativamente il suo ruolo criminale. Un ruolo che aveva frantumato, incenerito ogni traccia di umanità in lui. Avrebbe voluto lo stesso anche per Gero, ma non ci riuscì. Morì senza avercela fatta e Gero, come abbiamo visto, prese la sua strada, molto lontana da quella del padre e del fratello Totò, ma anche della madre Agata e della sorella Rosalia. Dell'uomo, in Pino, erano rimaste solo le funzioni biologiche e in parte quelle psichiche. Sentimenti, partecipazione ai dolori altrui, sentimenti di compassione erano stati cancellati: Gero lo capì sin da bambino e si ribellò con tutte le sue forze a quella vita da animale, per diventare una persona.

Quando Gesù fu condotto davanti al Sinedrio per il processo, Pietro lo seguì da lontano per vedere come sarebbe andata a finire. Interrogato su Gesù, Pietro affermò «Io non conosco quest'uomo» per ben tre volte. Chi tradì, Pietro? Solo Gesù o anche e soprattutto sé stesso, negando la verità che aveva scelto liberamente seguendo Gesù? Se lo chiedono diversi teologi e filosofi e la risposta è chiara: si rimane sé stessi soltanto ponendosi dalla parte della verità, per sceglierla e testimoniarla.

In una situazione simile si trovò Gero fin da piccolo: aveva capito dove stava la verità: non in quello che diceva e faceva il padre. Se non avesse reagito, rifiutandosi di seguire quella strada, avrebbe rinnegato sé stesso, la vita diversa che voleva per sé. Ma reagì. Fece scelte coerenti e conseguenti a ciò che percepiva come la verità per la sua vita. Decise di non accettare un ruolo che lo avrebbe reso un individuo biologico ma schiavo, come tutti gli altri affiliati alla mafia. Scelse di diventare una persona.

Ecco il punto: una persona. Ma cos'è una persona?

Scrive Karol Wojtyła in *Persona e atto*, pubblicato nel 1969 dopo l'esperienza dell'insegnamento di Etica all'Università Jagellonica e poi all'Università Cattolica di Lublino: «La persona è qualcuno [...]. Questo pronome [...] suscita immediatamente un'associazione di idee e, in essa, il confronto e la contrapposizione a "qualcosa". Per identificare la persona è necessario tener conto della differenza che passa tra "qualcuno" e "qualcosa"».

Gli animali, le piante, le stelle del cielo vivono e si sviluppano seguendo un'identità naturale: non scelgono di diventare il tal animale, la tal pianta, la tal stella. Per l'uomo, la persona umana, non è così. Può scegliere cosa diventare, salvo che le condizioni esterne, da lui indipendenti, glielo impediscano. E comunque, anche in condizioni avverse ha la possibilità di progettare sé stesso, di agognare a un modello di vita diverso da quello che si trova costretto a vivere.

Tutte le persone sono sbattute di qua e di là dai marosi della vita, dai venti talora impetuosi che la tormentano, ma c'è qualcosa che resiste al tempo. È questo «essere qualcuno» e non «qualcosa», che la distingue dagli animali. Gero non voleva diventare qualcosa, cioè una persona ridotta a cosa, come considerava i mafiosi. La persona è qualcosa di irripetibile e unico: non c'è al mondo una persona uguale all'altra, non c'è mai stata né mai ci sarà. Per questo nessuno può essere assimilato e identificato con un ruolo che non sceglie liberamente.

«La persona» scrive ancora Wojtyła «non è solo umanità "individuale". È invece un modo di esistenza individuale proprio solo dell'umanità.»

La persona, quindi, ha la possibilità di sceglersi, di autodeterminarsi, di delineare cioè cosa vuol diventare ed essere. Gli altri elementi naturali, no. Dopotutto sono esseri individuali, ma non possono diventare persone.

In un'altra opera, *Amore e responsabilità* (rimasta inedita fino al 2018 e scritta durante l'insegnamento a Lublino), il futuro papa Giovanni Paolo II fornì una descrizione ancora più chiara del concetto di persona.

> «Non si può parlare di una persona animale. Si dice invece un "individuo animale", intendendo con ciò "individuo di una data specie animale". E questa definizione ci basta. Ma non basta per definire l'uomo [...]. Il termine "persona" è stato scelto per sottolineare che l'uomo non si lascia rinchiudere nella nozione "individuo della specie"; che c'è in lui qualche cosa in

più, una pienezza e una perfezione d'essere particolari, che non si possono rendere altro che con la parola "persona".»

Scrive ancora Wojtyła: «Ricorrendo ad immagini, potremmo dire che la persona, in quanto soggetto, si distingue dagli animali, anche dai più completi, per la propria *interiorità*, e per la vita concentrata in essa, una vita che le è propria, la vita interiore [...]. La vita interiore è la vita spirituale». È quella stessa interiorità che Gero aveva percepito in sé e che lo guidava nelle sue scelte senza che sapesse dargli un nome: la viveva e basta, nella certezza interiore – appunto – che fosse la via giusta.

Si arriva qui al concetto chiave per comprendere la persona nel suo aspetto fondamentale e, contemporaneamente, la storia di Calogero. Si tratta dell'*auto-trascendenza* dell'uomo, quel continuo andare oltre che caratterizza la vita e gli atti della persona umana. Trascendere vuol dire appunto «andare oltre», superare un confine, allargare un orizzonte in tutte le attività dell'uomo: dal gioco al rapporto con gli altri, all'amore, al pensiero, alla volontà; fino all'avere, al fare, al parlare, insomma a tutto ciò che costituisce il bagaglio di attività concrete o spirituali dell'uomo, sia quelle in relazione con l'esterno sia quelle che si svolgono all'interno di sé. Gero voleva autotrascendersi, andare oltre la sua situazione, oltre l'organizzazione, oltre la propria famiglia, a cominciare dal padre Pino, origine di tutti i mali della famiglia.

È quella situazione nella quale si rivela l'anelito di libertà della persona, rispetto a una situazione, una relazione, un lavoro o un amore dei quali si è in grado di dire: «posso ma non sono costretto» e, contemporaneamente, «io voglio».

Scrive ancora Wojtyła a proposito dell'azione umana:

«L'uomo attraverso l'azione forma anzitutto sé stesso». La scelta delle azioni che decide liberamente di compiere forma quell'io, quella persona piuttosto che un'altra. Gero decise di compiere azioni che ne hanno fatto una persona e non un individuo senz'anima come suo padre. L'inventiva nel diventare sé stessi – creatività, sogni, aspirazioni, valori – è la materia prima della persona, così come il marmo o il bronzo sono la materia prima di un'opera scultorea.

A proposito invece della libertà, Wojtyła spiega che: «La libertà si identifica con l'autodeterminazione». La persona attraverso la libertà, attraverso l'«io voglio» determina il suo sviluppo, la sua vita in un senso anziché in un altro. La persona trova la sua libertà quando può affermare di poter compiere un'azione, ma senza essere costretta a farlo: l'opposto esatto del codice mafioso in cui la libertà della persona non è contemplata e chi agisce non lo fa perché lo decide, ma perché altri decidono per lui. Come il fratello di Gero, Totò. Anche nel mondo naturale non c'è questa libertà di scelta: l'albero cresce senza averlo scelto, così un cane abbaia senza averlo scelto ma come reazione a una situazione. La natura non si autodetermina, solo l'uomo lo può fare.

«Proprio questa dipendenza dall'"io" è fondamento di libertà, mentre la sua mancanza pone tutto il dinamismo proprio di un dato individuo (ad esempio un animale) fuori dalla sfera della libertà» prosegue Wojtiła. La persona agisce in forza della sua libertà, la natura in forza della necessità, che decide per gli animali, le piante e così via.

Ma in definitiva che cos'è questo «di più» per cui l'uomo è una persona e gli animali invece no? Perché la persona sente questa spinta ad autotrascendersi? L'animale o la pianta non hanno questa aspirazione. Un cane o un albero crescono ma non si autodeterminano: crescono ma non decidono di farlo.

Evidentemente nell'uomo c'è qualcosa in più che lo rende aperto alla possibilità di scegliere tra diverse alternative, come sosteneva il filosofo danese Søren Kierkegaard. L'essere umano ha davanti a sé la possibilità di diverse scelte. Questo può suscitare in lui anche un senso di angoscia, davanti alla libertà di decidere sì liberamente, ma assumendosi *in toto* le responsabilità che derivano dalla scelta. Anche per Gero scegliere tra una possibilità a portata di mano e un'altra che richiedeva fatica, impegno, determinazione, autodeterminazione non fu facile: questo è il peso della libertà. L'esercizio della libertà personale porta sempre con sé un peso, la scelta di essere liberi non è mai priva di costi personali.

La persona anela ad andare oltre, a varcare il limite, perché non è fatta di soli elementi biologici, anatomici, di carne e ossa. Altrimenti non avrebbe questo anelito. La persona ha in sé quella che, come abbiamo visto, Wojtyła, chiama «interiorità», cioè uno spirito, un'anima, una coscienza e un'autocoscienza che ne fanno un qualcuno anziché qualcosa.

Come scrive Battista Mondin, filosofo e teologo italiano (1926-2015), «è soprattutto nell'autotrascendenza che si riconosce la persona, perché [...] l'autotrascendenza è segno di spiritualità, e questa appartiene solo all'uomo. E qui sta pertanto la ragione profonda per cui l'uomo è persona e le cose non lo sono: l'uomo è dotato di spirito mentre le cose ne sono prive. Nell'autotrascendenza si radica anche quella proprietà della personalità su cui tanto insistono i filosofi del nostro tempo, la dinamicità. Essi hanno mostrato che la persona non è un risultato già bello e acquisito sin dalla nascita, ma è piuttosto una miniera ricchissima di possibilità. Per cui una persona è in larga misura una conquista ed è proprio l'autotrascendenza che sospinge l'uomo continuamente al di là di quanto già è e possiede, proponendogli sempre nuovi traguardi e nuove conquiste.»

L'autotrascendenza riguarda, oltre che il superamento di sé, il rapporto con gli altri: ci si autotrascende, cioè, verso gli altri, verso l'Altro, con un'altra persona, con le altre persone. Gero non aveva mai potuto esprimere la propria autotrascendenza nel luogo che dovrebbe essere privilegiato per farlo: la famiglia. Se autotrascendersi verso gli altri vuol dire espandersi verso gli altri, comunicare con gli altri, ebbene a Gero in famiglia era stato precluso. Le uniche tre forme di rapporto con gli altri erano la sottomissione, l'adesione ai (dis)valori della mafia e l'esecuzione degli ordini. Punto. È palese che tra questi disvalori non c'era spazio alcuno per l'inclusione degli altri, per l'atto di andare verso di loro, condividere la naturale e comune umanità che è in tutti noi.

Nel Novecento il pensiero di tre filosofi ebrei, Franz Rosenzweig, Martin Buber e Emmanuel Lévinas ha offerto al panorama delle idee occidentali un contributo notevole, in particolare per quanto riguarda il tema che stiamo affrontando: il dialogo tra persone, tra Io e Tu, come scrive Buber, e dell'etica nel pensiero, cioè la riflessione sul concreto vivere e sulle scelte da fare per corrispondere ai principi della cultura ebraica, tra i quali troneggia la compassione verso l'orfano, la vedova e il povero (espressi nella Bibbia nel Libro del profeta Zaccaria). Due di loro ebbero problemi con il nazismo: Buber fu espulso dall'università di Francoforte e Lévinas fu internato nel campo di concentramento Stalag: 1492 è il numero che gli fu dato. Rosenzweig morì nel 1929 prima che Hitler salisse al potere nel

1933. La concretezza del rapporto Io-Tu contrastava filosofie astratte che non ponevano al centro la persona nella sua concretezza, anche nel rapporto con l'altro, ma le idee: costruzioni ideali di sistemi filosofici nei quali la persona, l'essere concreto dell'uomo, perdeva la sua rilevanza. La riflessione fu sollecitata anche dall'esperienza nazista, soprattutto per quanto riguarda Lévinas, che riflette su come il rapporto Io-Tu, tra persone alla pari, sia stato sostituito dal rapporto tra nazista e persona ridotta a persona-cosa, della quale si può disporre a piacimento.

Tornando al nostro Gero, pensiamo alla distanza tra la prima parte della sua vita vissuta e gli auspici della filosofia ebraica del Novecento appena delineati: una distanza non colmabile. Rispondevano a due divergenti, antitetici e contraddittori modi di concepire gli altri: persone, volti, degni di ogni rispetto per i filosofi ebrei, cose per i nazisti e la mafia. A Gero era toccata in sorte una famiglia mafiosa in cui si respirava quest'idea della persona, dell'altro.

In estrema sintesi, il pensiero di Lévinas, in particolare nel suo libro *Totalità e infinito* (1961), è volto a impostare una filosofia nuova, tutta incentrata sul rapporto con l'Altro, inteso sia come alterità dell'altro essere umano sia come Dio o Assoluto. Un'idea lontana da quella filosofia che Lévinas definisce «pensiero violento», e che ha tentato di eliminare le differenze tra gli uomini, in quali – per loro natura – sono invece diversi e irriducibili a un modello astratto (e nulla cambia, per l'appunto, se tale modello scaturisce dalla filosofia stessa). «La filosofia occidentale è stata piuttosto un'ontologia, una riduzione dell'Altro al Medesimo», scrive Lévinas, ricorrendo al concetto filosofico di ontologia, che deriva dal greco *òntos* (dal verbo *èinai*, essere) e *lògos*, discorso, e quindi significa in senso letterale «discorso sull'essere». Esattamente come Calogero che si sentiva altro rispetto alla famiglia e alla mafia anche se il padre voleva ridurlo allo stesso, identico ruolo degli altri uomini di mafia, a tutti gli affiliati che erano la «medesima persona».

È proprio a questa omologazione al Medesimo, al «tutti uguali» teorizzato da quella filosofia che egli definisce violenta che si oppone Lévinas. Fa irrompere nella filosofia l'altro come tema fondamentale.

Il volto è, per Lévinas, «il modo in cui si presenta l'altro». «Il volto dell'Altro» continua «che supera l'idea dell'Altro in me». La mia idea dell'Altro passa in secondo piano quando il suo volto è di fronte al mio. Mi rendo conto che solo il volto dell'Altro può parlare di chi è diverso, è altro rispetto a me, non io. Le mie idee sull'altro si infrangono contro gli scogli del suo essere lì, davanti a me, con il suo volto che mi guarda.

«Il volto», e qui si sente in Lévinas l'influsso, l'ispirazione tratta dalla *Torah*, dalla legge ebraica, si rivela e vive biblicamente «nel povero, nello straniero, nella vedova e nell'orfano». Il messaggio è un richiamo, un appello, un'invocazione, una chiamata esplicita alla responsabilità verso l'Altro. L'apparizione dell'Altro di fronte a me, faccia a faccia, mette radicalmente in crisi la volontà dell'Io (propria della filosofia violenta). «Io» è scritto con la «I» maiuscola proprio per mettere in risalto la pretesa supremazia dell'Io sull'Altro. Lévinas inverte la prospettiva: è l'Altro che si impone a me attraverso il suo volto, che mi appare come in un'epifania (dal greco *epipháneia*, «manifestazione»). Esattamente come accade con l'Epifania, festa cristiana (presente anche nell'Islam) che ricorda l'incontro del bambino Gesù con i Re Magi: la sua manifestazione fisica ai gentili, cioè a chi non appartiene alla religione ebraica o non si converte al cristianesimo, coloro che in epoca romana venivano indicati come pagani. Quindi Gesù Cristo, simbolicamente, si rivela a tutte le genti, il suo volto è rivelato a ogni persona. Così accade all'uomo che si manifesta alle «genti» attraverso l'epifania del suo volto, che è Altro rispetto a chi lo guarda.

L'Altro, per Lévinas, va accolto in quanto Altro, non perché rientra nei miei modelli, nella mia idea di altro, ma come diverso ed esterno a me. Insomma, la rivelazione del volto dell'altro è alla base, deve essere alla base, delle nostre scelte morali, le risposte alla domanda: «Che cosa devo fare? Che cosa è bene che io faccia?» Il Tu, in qualche modo, «mi obbliga», sebbene mantenga la mia libertà. È una presenza talmente forte, fisica e metafisica, che interpretata mi chiama all'azione.

Da soggetto libero, ma egoisticamente libero, mi trasformo in un soggetto che esercita la sua libertà nella responsabilità verso gli altri. «L'originalissima presenza dell'Altro» scrive lo studioso italiano di Lévinas, Giovanni Ferretti, «che si mostra come tale in quanto si spoglia da ogni rivestimento di forme o categorie con cui l'Io tenta di riportarlo a sé, ai propri concetti. Ma per altro verso la "nudità" del volto è anche espressione di indigenza e povertà per cui fin dall'origine la parola che l'Altro mi rivolge è un appello etico [morale, alla mia responsabilità nei suoi confronti, un] comando, e m'inserisce così in una relazione etica». Il volto si presenta in tutta la sua nudità perché non è racchiuso, né racchiudibile in un concetto astratto che non sia il volto stesso, che piaccia o no, che rientri nei nostri parametri o no, che sia quello che desidereremmo vedere o no. Il volto è lì. È quello. È l'altro che si manifesta proprio in quel volto e che non posso modificare a piacimento, secondo i miei desideri, le mie fantasie e i miei ragionamenti, e neanche i miei bisogni.

L'espressione di chi mi parla, dell'Altro che parla a me, non mi coinvolge in modo indiretto. No, è diretto, senza mediazioni, presenta sé stesso immediatamente e mi sorprende: non ho neanche il tempo di incasellarlo in qualche mio schema mentale, anche nel caso in cui lo volessi fare. Scrive Lévinas: «L'occhio non brilla, parla». Non devo svelare alcunché, l'Altro si manifesta autonomamente, da sé. È presenza viva che costantemente mette in crisi le «forme» con cui proviamo a farlo rientrare nelle nostre categorie di pensiero, nel già noto.

Gero non conosceva le opere filosofiche di Karol Wojtyła, avrebbe ascoltato qualche suo discorso all'*Angelus* domenicale seguito sempre con attenzione dai padri salesiani dell'istituto, ma non conobbe mai quello che aveva scritto prima di diventare Giovanni Paolo II; né tantomeno conosceva il pensiero di Lévinas sul volto e sull'altro. Ma nella sua vita aveva vissuto esperienze che lo avevano portato a concepire l'inviolabilità della persona, quasi la sacralità della persona nella sua unicità e irripetibilità – ognuno diverso dall'altro –, mentre, al contrario, la mafia voleva renderlo uno come tutti i suoi affiliati. Non avrebbe potuto autotrascendersi, non glielo avrebbero permesso, si sarebbe dovuto sviluppare secondo il loro modello violento, inumano, atroce e assassino. Gero non aveva neanche riflettuto su che cosa volesse dire incontrare un volto. Molti volti avevano incontrato il suo, ma lui ne aveva incontrati tre, quello del professore delle medie, quello del poliziotto che aveva aperto una strada nuova per la sua vita e poi un altro, grazie al muso e alla zampa di un cane. In tutte e tre i casi, le due persone e lo sfortunato animale lo avevano guardato come si guarda una persona, un volto, e non una cosa, una persona-cosa come nel codice mafioso.

Gero, per la verità, non aveva mai capito se quella zampa tesa del suo Pippo e i suoi occhi che lo guardavano come solo i cani sanno guardare il padrone-amico, avessero regalato più a lui di quanto lui avesse dato al cane accogliendo la sua zampa e fissandolo in quegli occhi spauriti. Di certo quella zampa-volto non lo avrebbe abbandonato mai più, prima nella presenza e poi nel ricordo. La memoria legata a quei fattacci, per uno degli strani artifici della vita, si era trasformata in energia, in redenzione, in felicità dell'autorealizzazione: insomma, in vita stessa.

Un poliziotto, un professore di scuola media proveniente da una famiglia mafiosa, ma soprattutto gli occhi e la zampa di un cane malridotto; Karol Wojtyła, Emmanuel Lévinas. Che mosaici che crea la vita. Senza che il protagonista lo sappia.

Per Gero c'era solo un punto certo di partenza: la convinzione che nutriva nel suo cuore e nella vita pratica, che lui non era fatto come quelli che lo circondavano, e aveva voglia di dimostrarlo. Alla fine, ce la fece.

II

IL TEMPO

La domanda

«Oggi il tempo non passa mai.» «Oggi il tempo è volato.»

Sono espressioni comuni che spesso abbiamo pronunciato o che abbiamo sentito dire.

Eppure, l'orologio segna sempre la stessa ora per tutti.

Ma, allora, il tempo è qualcosa di misurabile oggettivamente – uguale per tutti – o è riferibile alla percezione che ne ha la coscienza di ognuno di noi?

È la nostra anima che si estende verso il passato e verso il futuro, nel presente, o siamo noi che ci adeguiamo al tempo come misura universale, indipendentemente dalla nostra anima e dalla nostra coscienza?

Il passato lascia in noi tracce che non si cancellano, influenzando in modo determinante il nostro presente e le nostre aspettative?

Filippo,
la memoria e la torre di pietra intorno a lui

Per Filippo tutto cominciò nel pieno dell'adolescenza, cioè in un periodo ricco di trasformazioni, in cui si producono grandi cambiamenti fisici, psicologici, nei rapporti con gli altri e, di conseguenza, anche fragilità, incertezza, instabilità emotiva. A lui capitò di tutto, il mondo iniziò a crollargli addosso in un periodo della vita nel quale ogni donna e ogni uomo, per la sua evoluzione psichica, è facilmente impressionabile, sensibile, suggestionabile e soprattutto molto incostante.

Filippo era nato a Viterbo e lì era rimasto dalla sua nascita. Il suo luogo preferito in cui incontrare gli amici era una piazzetta dove c'era anche un bar – c'era sempre stato – che si chiamava Da Sisto. Il nome era stato probabilmente scelto in onore della chiesa di San Sisto, da dove il 3 settembre inizia il percorso annuale della Macchina di santa Rosa, patrona della città che viene portata dai «Facchini di santa Rosa», cento uomini che la caricano in spalla tra le vie del centro, spesso anguste, in processione. Durante il trasporto della statua, a cadenza regolare, viene evocato il nome della patrona: «Evviva santa Rosa!»

Aveva un bel gruppetto di amici Filippo, che a volte

faceva un po' il capobanda: era simpatico, socievole e gli amici gli volevano bene. Suo padre era un carabiniere e teneva a bada anche il gruppetto quando a qualcuno veniva in mente un'iniziativa, per lo più scherzi, di quelle che potevano finire male. Filippo frequentava il liceo classico con discreto successo, benché di certo non rischiasse di perdere la vista sui libri. Quando avvenne l'episodio che cambiò radicalmente la sua vita aveva terminato i due anni del ginnasio ed era in prima liceo, insomma il terzo dei cinque anni per conseguire il diploma liceale classico.

Aveva molti amici tra i compagni e nel liceo in generale, maschi e femmine, e manteneva un buon rapporto con tutti, esclusi quelli che lo chiamavano Pippo perché detestava quel personaggio di Walt Disney. I suoi migliori amici erano Alberto e Roberto, il primo in classe con lui, il secondo avanti di un anno rispetto a loro.

Un giorno, di pomeriggio, si ritrovarono nella solita piazzetta e Filippo pregò Alberto e Roberto di appartarsi un po'. Si sedettero al bar Da Sisto, in un tavolino molto discosto dagli altri in modo da non essere ascoltati; la cosa non destò stupore nel gruppone, accadeva spesso che si creassero dei piccoli capannelli che si allontanavano dal gruppo per parlare dei fatti loro.

Filippo aveva deciso di confidare ai suoi amici qualcosa che da tempo teneva dentro di sé, non senza qualche sofferenza. «Vi voglio dire una cosa che mi riguarda, ma dovete giurare che non la riferirete a nessuno» disse Filippo. I due risposero quasi all'unisono: «Lo sai che tra di noi è sempre stato così, nessuno, tu per primo, ha tradito la fiducia e il riserbo chiesti da uno di noi. Non accadrà neanche questa volta».

«Dicci» fece Alberto, «Siamo curiosi» disse Roberto.

«Ho una smania di godere, di sesso, che mi perseguita.

Mi masturbo in continuazione, certi giorni arrivo a letto stremato e magari continuo anche lì, prima di prendere sonno. È un tormento, non riesco a fermarmi, non ho un attimo di pace, penso sempre a quello. La vivo come una condanna anche se sono io stesso l'artefice di tutto questo. Nessuno mi obbliga a farlo, ma è come se ci fosse un altro Filippo dentro di me, indemoniato di sesso: ormai sono quasi cinque anni che mi succede. È accaduto tutto all'improvviso, non so né come né perché. Sono stato travolto da una specie di alta e potente onda marina che non ti fa neanche nuotare, che ti porta via con sé e contro la quale senti di non poter far nulla, di essere in preda a una forza capace di trascinarmi dove vuole, finché vuole. Capite?» Lo guardarono sbigottiti perché, pur essendo Filippo un ragazzo che normalmente era attratto dalle donne, lo aveva sempre fatto senza nessuna traccia di maniacalità, anzi era proprio normale, come la maggioranza dei suoi amici.

Si fece avanti Alberto, il più spigliato, Roberto era più meditativo e lento nel dare risposte e nell'interloquire in genere. «Guarda, Filippo, che non ti devi preoccupare, succede a tutti noi, chi è che non lo fa? Anch'io a volte esagero e ho perfino vergogna quando vado a confessarmi e mi viene chiesto "Quante volte lo hai fatto?", ovviamente sminuisco sempre perché mentre lo faccio sono contento, ma quando devo dirne il numero mi vergogno. È normale, Filippo.»

«Non te ne devi fare un cruccio» prese a parlare Roberto, «più grande di quello che è nella realtà. Se lo fai è perché il tuo fisico ne sente il bisogno e tu assecondalo senza star lì a pensarci, sono bisogni fisiologici; staresti senza mangiare o bere? Ecco, prendila un po' così.»

«Vi ringrazio» riprese Filippo con le lacrime agli occhi,

«ma vi assicuro che per me è un tormento. Lo so che lo facciamo tutti, ci abbiamo scherzato su mille volte, ma io sono proprio invasato, mi sento che lo faccio ormai anche contro la mia volontà, è come se mi investisse un vento che viaggia a centinaia di chilometri all'ora.»

Ora c'è da dire che la masturbazione è un fenomeno naturale dell'adolescenza. Ne parlò anche Karl Marx sostenendo che la filosofia che lo aveva preceduto era una masturbazione mentale: «La filosofia e lo studio del mondo reale» – soprattutto l'economia politica, diremmo – «sono nello stesso rapporto come l'onanismo e l'amore sessuale» (onanismo deriva dal nome di Onan, personaggio biblico che disperse il suo seme senza procreare poiché, avendo sposato la vedova di suo fratello non avrebbe potuto dare il suo nome ai figli). In altre parole, la filosofia sarebbe una pippa e l'economia politica un coito vero e proprio. La masturbazione fu condannata violentemente fino a tutto l'Ottocento, come fosse una malattia da curare con ogni mezzo, tra i quali: mani legate alla testiera del letto per tutta la notte, apparati genitali costretti in cinture di castità, applicazione agli uomini di congegni con allarme elettrico in caso di erezione e così via con amenità di questo tipo.

Con il Novecento e la nascita della sessuologia, il fenomeno è stato inscritto entro il normale ciclo evolutivo degli adolescenti. Può crearsi – argomento molto controverso – il fenomeno della «masturbazione compulsiva» che sarebbe legata a una vera e propria «dipendenza sessuale» esattamente come altri tipi di dipendenze. Non vogliamo attribuire a Filippo questo tipo di dipendenza, ma solo far notare che la sua descrizione di ciò che gli stava succedendo si avvicina molto a questo tipo di compulsione. In altre parole, lui la percepiva così.

Torniamo allora al nostro terzetto, con i due amici alle prese con il tentativo di consolare Filippo e di minimizzare quello che gli stava succedendo. I tentativi cadevano nel vuoto, Filippo continuava con sempre maggiore vigore a ribadire le sue convinzioni secondo cui c'era qualcosa di anormale e che questo gli provocava dolore e tormento. Si congedarono così, non senza che Filippo chiedesse a entrambi di mantenere il più stretto riserbo su quanto gli aveva confidato.

I due, naturalmente, appena andato via Filippo, tra il serio e il faceto continuarono a parlottare tra di loro. Volevano bene a Filippo ed erano dispiaciuti che soffrisse per qualcosa che ai loro occhi non sembrava particolarmente grave, anche considerando i loro ritmi masturbatori che non si allontanavano troppo da quelli del povero Filippo. Perché povero? Come succede sempre ai segreti giurati tra compagni di scuola, prima o poi da qualche spiffero, una mezza parola, qualche soffio d'aria raggiunge altre orecchie e di bocca in bocca, di orecchio in orecchio la voce si sparge. Prima rimane nel circolo ristretto di chi lo viene a sapere e poi, ineluttabilmente, diventa di dominio pubblico. E così avvenne puntualmente.

Una mattina, nell'intervallo della ricreazione, in bagno, Filippo incontrò un altro alunno che si rivolse a lui per porgli la seguente domanda, inconsapevole degli effetti devastanti che avrebbe prodotto su di lui: «Filippo, oggi a quante siamo?» Filippo cadde nella disperazione: capì che i suoi confidenti, e più stretti amici, lo avevano tradito. Avevano raccontato ad altri quello che lui in segreto aveva rivelato loro.

Filippo non reagì nei loro confronti. Rientrò in classe dell'abituale umor nero che lo caratterizzava da qualche tempo, e quindi nessuno ci fece caso, a partire da Alberto.

Suonò la campanella per la fine delle lezioni e, senza far parola con nessuno, Filippo se ne tornò a casa per pranzo. Come al solito, dopo aver mangiato si ritirò nella sua cameretta, che in realtà era uno stanzone che conteneva anche un gran bel plastico di trenini. Si stese sul letto mettendosi due cuscini sotto la testa e cominciò a guardare il soffitto. Se possibile la tristezza e l'angoscia per il tradimento degli amici più stretti era superiore a quella che aveva raccontato proprio a loro per la sua ossessione adolescenziale. Perché? Perché lo avevano fatto? Perché lo avevano tradito? Forse aveva sbagliato lui a dar loro fiducia e a confidarsi? E se lo avevano tradito coloro con i quali era cresciuto, di chi si sarebbe potuto fidare ormai? Di nessuno?

Si sentiva come gettato in una vasca di pesci piranha che lo mordicchiavano da tutte le parti, solo che non addentavano il suo corpo ma la sua anima. Si sentiva scoperto, indifeso, abbandonato a sé stesso. Come avrebbe potuto continuare a vivere in quella scuola e in quella città? Come avrebbe fatto a tornare al bar Da Sisto? E se tutto fosse arrivato all'orecchio dei suoi genitori? Che vergogna! Che umiliazione! Che delusione avrebbe causato in loro!

Nelle ore di quel pomeriggio maledetto fu tormentato da un pensiero, da sensazioni amare, spiacevoli, insistentemente fastidiose, fino a diventare insopportabili. Quanto stava accadendo gli faceva gradualmente dimenticare il resto, non si masturbava più in maniera compulsiva, ma si trattava di una magra consolazione, molto magra. Di male in peggio, dalla padella di un'ossessione sessuale alla brace della perdita assoluta della fiducia negli altri.

Cominciò così – senza che se ne rendesse conto – il piccolo calvario che lo avrebbe accompagnato per molti anni, portandolo poi a un isolamento dagli altri che progressivamente si fece totale. Questo fatto doloroso fu la prima pietra posata nell'anima, nel cuore e nella mente di Filippo di una sorta di torre che avrebbe costruito, o che la vita avrebbe costruito, intorno a lui.

Finito il liceo, nonostante i risultati brillanti ottenuti, decise di non andare all'università, con grande disappunto dalla mamma e del papà, che sognava per lui, pur senza averlo mai manifestato, che diventasse carabiniere e accedesse alla carriera nell'Arma. Non fece neanche la leva militare per sovrannumero nella sua classe di età. Si sottopose senza particolare entusiasmo al primo concorso che gli capitò a tirò ed entrò come impiegato alle Poste. Tutto questo avvenne a Grosseto, città dove era stato trasferito il padre a seguito dell'avanzamento di carriera che lo aveva elevato al grado di capitano.

Filippo iniziò a lavorare alle Poste e dopo poco, proprio grazie alla gentilezza mostrata verso colleghe e colleghi, fu incaricato di svolgere il lavoro di sportello, a contatto continuo con il pubblico. Gli bastò poco tempo per apprendere bene quello che doveva fare e in tutti i casi poteva contare su un collega tanto svogliato quanto esperto, Andrea. Quelle dedicate al lavoro, per Filippo, erano le ore più tranquille della giornata, una specie di oasi in giornate nelle quali continuava a pensare all'episodio che gli era accaduto e che continuava a perseguitarlo. La mente non riusciva a liberarsi da questo incomodo ospite.

Sul lavoro, in ogni caso, era molto apprezzato, la fila davanti al suo sportello era sempre la più lunga. Il collega sportellista non era invidioso degli apprezzamenti che da subito riscosse Filippo, anzi, per lui era una ghiotta occasione per assentarsi di tanto in tanto per un «caffè» che, in realtà, poteva durare dai tre quarti d'ora alla ora buona. Filippo non se la prendeva, prima di tutto perché l'esperienza del collega gli era molto utile nei casi più difficili e, non ultimo, perché gli era decisamente simpatico. Era un uomo sulla cinquantina, di portamento signorile, sempre vestito con abiti magari non sartoriali, ma eleganti: di colore blu o di varie tonalità di grigio, camicia bianca e cravatta blu. Dopo qualche tempo, cominciò a vestirsi così anche Filippo: faceva la sua bella figura. Andrea invece aveva un po' di pancetta, la classica pancetta del bevitore, che nascondeva bene utilizzando sempre le bretelle e mai la cintura. Andrea poteva assentarsi solo quando non era presente in sede il capoufficio, un tipetto piuttosto allergico al lavoro, pure lui.

Tra le clienti abituali c'era una tale Clara, una gran bella ragazza sui venticinque anni, qualcuno in più di Filippo. Era impiegata in un importante studio legale e praticamente ogni mattina si recava all'ufficio postale per sbrigare varie pratiche. Non fu difficile familiarizzare con lei per Filippo: erano praticamente coetanei. Con il passare del tempo, Filippo cominciò a invaghirsene, fino a sentire le farfalle alla bocca dello stomaco. In quel modo e con quella intensità non gli era mai capitato. In definitiva, se ne innamorò, senza che Clara se ne accorgesse minimamente e senza che lui si proponesse in qualche modo, neanche il più delicato e velato. In conclusione, fece tutto la stessa Clara, che nel frattempo si era a sua volta innamorata di Filippo. Riuscirono a darsi appuntamento senza destare l'attenzione degli altri presenti in ufficio.

Filippo nei giorni precedenti all'appuntamento con Clara si comportò normalmente ma, nel frattempo, dentro di sé non era per niente tranquillo: nutriva mille sospetti sul perché si fosse fatta avanti. Aveva qualche interesse a mantenere con lui una qualche forma di buona relazione? Era interessata a lui per motivi indipendenti dai sentimenti? Stava nascondendo dietro a quelle manifestazioni di interesse – solo qualche fugace occhiata e poco più – qualcosa di diverso? Gli stava forse preparando una trappola? In fin dei conti, quella prima pietra che anni prima aveva depositato in fondo a sé stesso e la torre in cui si era recluso finivano con il prevalere sulla bellezza di quanto gli stava succedendo. Dubbi, perplessità, fantasmi del passato: tutto lo spingeva a non fidarsi, a non lasciarsi andare, a non vivere nel presente quello che gli si prospettava e che stava provando. Lottava, non si perdeva d'animo, cercava di ragionare e, in effetti, si rendeva conto che i due eventi non avevano nulla a che spartire l'uno con l'altro. Non solo, sentiva nel cuore qualcosa che si scontrava con tutte queste fobie che elaborava il suo cervello, avvertiva una sorta di oppressione al petto mentre nella mente si esprimeva una «voce interna», proveniente dal recente passato, che lo metteva in guardia da tutti gli eventuali pericoli ai quali sarebbe potuto andare incontro, e comunque da tutti gli aspetti negativi che questa storia avrebbe potuto causare in lui.

La prima pietra posata dentro di lui era molto ingombrante, condizionava le sue valutazioni su quello che gli stava accadendo e che non riusciva a prendere come un fatto del tutto positivo, a prescindere da come poi si sarebbe sviluppata la storia nel concreto. Alla fine non si sottrasse all'incontro, e questa fu già una piccola ma significativa vittoria per Filippo: il presente stava superando, in qualche modo, il passato.

Era primavera ormai inoltrata, ci si poteva sedere fuori anche di sera. Lo fecero in un bel caffè nel centro della città, senza nessuna vergogna benché tutti conoscessero tutti e pur consapevoli che, il giorno dopo, sarebbero stati sulla bocca di tutti. Fu un incontro piacevole e tranquillo.

Filippo riuscì a mettere da parte le fobie e le angosce che avevano preceduto l'incontro, Clara andò dritta per la sua strada, che era quella di far capire a Filippo i suoi sentimenti in questo primo incontro *vis à vis*. Clara per l'occasione indossava una gonnellina bluette abbastanza corta e una camicia bianca a righe di media grandezza, sempre bluette, con un paio di scarpe con tacco medio-alto senza calze che mettevano ancora più in risalto il suo gran bel fisico. Aveva raccolto i bei capelli neri in una specie di ciuffo che ne metteva in luce gli occhi verdi e i lineamenti del viso, particolarmente armoniosi. Filippo era vestito come in ufficio, ma senza cravatta e con la camicia aperta fino al secondo bottone.

Insieme facevano una bella coppia, e infatti attiravano l'attenzione dei presenti e dei passanti che si giravano a guardarli. Filippo lo conoscevano praticamente tutti, Clara un po' meno, ma certamente era stata notata da molti, e aveva anche affascinato non pochi, come poi Filippo venne a sapere.

Il primo incontro non poteva andare meglio. Si salutarono con due baci sulle guance che però Clara avvicinò il più possibile alla bocca, arrivando sensibilmente a sfiorarla con le labbra. Filippo sentì dentro un vulcano che borbottava come prima dell'eruzione.

Di ritorno a casa ripensò e si godette quello che aveva vissuto, oltre al fresco della sera: tutto sembrava andare per il verso giusto. Appena si destò al mattino, al risveglio dopo aver passato finalmente una notte serena ed essersi fatto una profonda dormita, ricominciarono a farsi avanti le ombre del dubbio, della paura di cadere in una trappola, di non stare facendo la scelta giusta, dello sbaglio che probabilmente avrebbe commesso lasciandosi andare senza aver verificato le buone intenzioni di Clara, che poteva tendergli tranelli e fargli compiere passi falsi. «D'altra parte» si domandava «come faccio a saperlo se non vivo questa storia senza pensieri? Se la vivo e sbaglio cosa mai mi può succedere?»

Clara, per la verità, aveva notato che, seppur gentile e anche visibilmente coinvolto, quella sera Filippo non si era lasciato andare molto, come invece aveva fatto lei. Ma attribuiva il tutto alla timidezza e alla scarsa esperienza di rapporti con le donne che ne bloccavano la spontaneità.

Si sentirono al telefono nel pomeriggio per organizzare la cena del sabato, come concordato la sera prima. Al telefono la conversazione non fu breve. Soprattutto a causa di una serie di domande a raffica che avevano letteralmente invaso la mente di Filippo per tutta la giornata. Cominciò a un certo punto della telefonata: «Tu hai avuto molte storie?», «Qualcuna» rispose Clara con massima naturalezza, «ma sono il passato. Ora ci siamo tu e io.» «Sì lo capisco» riprese Filippo, «ma sei sicura che non siano ancora dentro di te e pesino su noi due?» «No» rispose Clara sempre tranquillamente «quello è il passato, questo è il presente.» «Ma tu perché sei interessata a me, proprio a me? Cosa ti interessa di me? Io sono stato tradito gravemente al liceo dai miei due migliori amici e ne porto ancora le ferite che fanno male.» «Sì» rispose un po' piccata Clara, «ma io che c'entro, scusa Filippo? Ti capisco, le esperienze negative ce le portiamo dentro tutti, io per prima, ma ora si tratta di qualcosa di nuovo per tutti e due, e per questo è bello viverlo. Non puoi cominciare mettendo un macigno tra di noi sennò non andiamo da nessuna parte.»

La telefonata finì con Clara un po' scocciata e anche piuttosto sorpresa che fin dall'inizio Filippo avesse messo in dubbio quel che stava nascendo tra loro: avrebbe potuto svilupparsi oppure no, ma comunque andava vissuto con maggiore fiducia e slancio. Almeno, così sentiva Clara. L'incontro del sabato sera partiva male, avvolto nella nebbia che Filippo aveva diffuso così pesantemente e in modo anche un po' grottesco. Agli occhi di Clara appariva il tutto un tantino infantile.

E arrivò all'appuntamento a cena, in un ristorante non lontano dal caffè del primo incontro. Non fu una serata piacevole né tantomeno distesa, perché Filippo continuò con la stessa solfa della telefonata, di fronte a una Clara sempre più perplessa, annoiata e preoccupata dall'atteggiamento di Filippo, che con la sua raffica di domande compulsive faceva sembrare il loro dialogo più simile a un interrogatorio che a un momento condiviso tra due persone che si stanno invaghendo l'una dell'altra.

Clara, a un certo punto, si innervosì così tanto da alzarsi: «Tu, caro Filippo, hai molta confusione in testa. Chiarisciti bene cosa vuoi in generale e da me in particolare». Quel giovane l'aveva stremata, ma prima di andarsene disse ancora qualche parola: «Quando ti sarai chiarito le idee, magari, chissà, se ne potrà anche riparlare. Per stasera ne ho francamente abbastanza, sono esausta dei tuoi labirinti mentali, non intendo venir dietro ai tuoi vagheggiamenti vari. Ciao». E tornò a casa.

Filippo non provò neanche a fermarla. Non avrebbe saputo cosa dirle, in effetti. Avrebbe probabilmente continuato a tormentarla dei propri tormenti, trasferendoli ingiustamente su di lei. D'altra parte, i pensieri avevano invaso la sua mente. Al momento, non aveva in testa altro.

Nei giorni e nelle settimane successive Clara continuò ad andare in Posta come aveva sempre fatto, ma il suo atteggiamento era sbrigativo e freddo. Non lo sopportava proprio e non ci voleva molto per capirlo, tant'è vero che se ne accorse anche Andrea, che chiese al collega: «Ma che le hai fatto?» «Nulla» rispose Filippo. «Ecco» riprese sornione il collega «ora ho capito, se non le hai fatto nulla questa ti ha preso subito in antipatia, prova a rimediare, citrullo, svegliati, ogni lasciata è persa. Poi te ne accorgerai quando ormai sarà troppo tardi.»

In effetti, il punto di vista del collega, seppur rozzamente espresso, conteneva una parte di verità: Filippo, di fronte alle avances di Clara, aveva assolutamente sbagliato tutto, non aveva fatto nulla di simile al comportamento tenuto nel primo incontro. Si era chiuso a riccio nelle sue elucubrazioni, si era lasciato invadere dai suoi fantasmi ed era rimasto immobile. Non solo era riuscito, nel giro di due incontri ravvicinati – dunque a un buon auspicio –, ad allontanarla, ma l'aveva molto scocciata. Un disastro vero e proprio.

Per vari anni, la sua vita andò avanti così, un disastro sentimentale dietro l'altro. Finché, verso la cinquantina, un evento lo scosse. Il suo cervello, in cui si perdevano sia lui sia quelli che avevano a che fare con lui, era diventato un labirinto. Se qualcuno provava a entrarci, era spacciato: ne uscivano nelle stesse condizioni di Clara e talvolta anche peggio.

Le grandi pietre che poneva attorno a sé aumentavano, e quella specie di torre che si elevava intorno cresceva in altezza fino a precludergli la vista dell'esterno. Era sempre più rinchiuso in sé stesso, ormai insensibile a qualsiasi stimolo che venisse al di fuori di lui, quando incontrò un giovane calabrese, Antonino. Suo padre era detenuto a Grosseto per il reato di associazione per delinquere. Filippo lo venne a sapere quando si trovò coinvolto in un processo per rapina. Era stato visto seduto sul sedile anteriore destro dell'auto di Antonino, proprio mentre quest'ultimo compiva la rapina, nella totale inconsapevolezza di Filippo. Alla fine del processo fu provata la sua totale estraneità, ma il processo fu lungo e difficile e lo scorno, per suo padre, fu enorme.

Poi fu la volta di un prestito in denaro elargito a una ragazza, che li usò per comprare una certa quantità di droga e per spiegare dove li aveva trovati agli agenti di polizia che l'avevano colta in flagranza di reato fece il nome di Filippo. Qui non ci fu un processo ma semplicemente un interrogatorio, alla fine del quale fu immediatamente scagionato da qualsiasi ipotesi di reato.

Poi fu la volta di un incidente in moto, seduto sul sedile posteriore di una motocicletta guidata – diciamo così – da quello che era diventato un amico. In città tutti conoscevano questo spericolato motociclista, la sua fama era nota, era entrato e uscito dall'ospedale varie volte. A Filippo, che in vita sua aveva avuto solo un motorino, erano sempre piaciuti i motori e la velocità, spesso era andato anche ad assistere alle corse nei vari circuiti e motodromi, e non gli parve vero quando questo motociclista pazzerello gli propose una «gita». Risultato: grande ebbrezza e felicità di Filippo all'andata, incidente al ritorno; una settimana di ospedale per lui, due settimane per il pilota.

A questo punto ci si potrebbe chiedere se tutte queste vicende siano state frutto del fato o dell'avventatezza, della sconsideratezza, dell'imprudenza di Filippo. Perché tutte a lui, e sempre in compagnia di sbandati, delinquentelli o delinquenti veri come nel caso di Antonino? Insomma, se si esclude la povera Clara, tutti gli altri dissennati incontri nascevano proprio dalle pietre della torre che cresceva sempre più in altezza: ogni vicenda negativa lo rendeva più fragile e insicuro, in condizioni tali da abboccare a qualsiasi amo si presentasse vicino alla sua bocca.

Il perché è abbastanza chiaro e scontato: succede spesso alle persone fragili o deboli di natura. Diventano preda di balordi e delinquenti che hanno un fiuto finissimo per adescare le persone in momenti di vulnerabilità e farle cadere nella rete. Sempre pronti in attesa di prede adatte ai loro raggiri e abbindolamenti. Ecco perché capitavano tutte a lui, inutile che ci addentriamo in spiegazioni più complesse come il fato, la predestinazione e così via, sempre molto difficili da provare, se non impossibili.

Filippo era schiavo del tempo che passava e della memoria che nel frattempo era rimasta ferma nella sua posizione, in quell'inamovibile, massiccia, resistente e maledetta torre dove si depositavano i ricordi negativi, rinchiudendolo sempre di più. I pochi tentativi di fuga erano sempre maldestri, impacciati, e in definitiva si rivelavano materiale buono per alzare ancora di più la torre.

Filippo faceva sempre meno esperienze, e raramente, se non mai, di propria iniziativa. Viveva nel suo mondo popolato da fantasmi, ricordi di rapporti negativi che gli avevano fatto perdere la fiducia di poterne sperimentare di positivi. Non riusciva a vivere la sua vita accumulando pensieri e occasioni positive che, magari, andassero a scalfire e abbattere quelle pietre malate che lo confinavano nella tristezza. Il suo scoraggiamento era ormai arrivato a una fase cronica, come si direbbe di una malattia, perché non c'è dubbio che la mente e l'anima di Filippo si fossero ammalate.

Il presente di Filippo era il suo passato. «Vivo» disse a un conoscente che era venuto a trovare sua madre «di ricordi di cose che ho fatto o mi hanno fatto. I conti non torneranno mai. Il negativo prevale sempre sul positivo nella mia vita. Questi ricordi sono come delle corde piuttosto corte alle quali sono legato e che, appena provo ad allontanarmi dal mio passato, mi tirano indietro.»

Il futuro, anche solo il giorno successivo, aveva le sembianze di un enorme cancello ma pesantissimo, per cui aprirlo era quasi impossibile. E poi, una volta aperto, cosa avrebbe trovato al di là? Qualcosa di oscuro, imprevedibile, ma certamente negativo se non mostruoso. Non esisteva il presente per il nostro Filippo: esistevano il dolore per il passato e la paura del futuro, anzi il terrore.

Viveva senza orizzonte, perché il suo sguardo sulla vita era oscurato dalla memoria del male passato, e anche la vista di un possibile futuro gli era preclusa dalla paura che potesse risultare una prosecuzione del passato, un nuovo accumulo di dolori ed esperienze negative. Dalla sua vita senza prospettiva, dalla sua torre, aveva rinunciato a evadere. Vi era crudelmente e spietatamente legato da corde che – con il passare degli anni – si facevano sempre più corte e non gli consentivano di liberarsi.

Così viveva Filippo, all'interno di una torre che lui stesso, inconsciamente, aveva costruito, solida e arcigna.

Filippo non poteva sapere che sant'Agostino e Sigmund Freud...

Se ci sono autori che hanno attinenza con l'esperienza e i pensieri di Filippo, sono certamente sant'Agostino (354-430) e Sigmund Freud, inventore della psicanalisi (1856-1939).

Il primo per la sua tesi che il passato non è altro che il presente del passato, cioè la memoria: il passato diventa presente nella memoria dei fatti, delle esperienze, degli eventi della vita. Rimane in noi con le tracce lasciate nella memoria.

Il secondo perché è l'autore della rivoluzionaria scoperta dell'inconscio, che agisce sulla psiche umana condizionandola, e dal quale derivano gli stati psichici individuali e gli atti in generale.

In, altri termini Filippo agiva senza sapere che la torre che si era costruito, e che lo teneva rinchiuso, proveniva dal profondo, aveva origine in lui, nel suo stato d'animo e psichico, nella parte di sé che lui stesso non conosceva: l'inconscio, appunto.

Agostino d'Ippona, venerato come santo fin dai primi anni successivi alla sua morte, fu filosofo e teologo oltre che vescovo. Agostino aveva studiato a fondo i classici, sia filosofi sia narratori e storici. Cicerone, per esempio, ma soprattutto Platone e Plotino, esponente del neoplatonismo, una corrente filosofica di seguaci del pensiero di Platone.

Per gli antichi – praticamente tutti – il tempo era misura del moto della Luna, delle stelle, del Sole e anche dei corpi; ma tutti questi enti non *erano* il tempo, bensì la misurazione del tempo. Il moto dei corpi si misura con il tempo, non *è* il tempo. E allora che cos'è il tempo? Agostino se ne occupa nell'XI libro delle *Confessioni* e in quel contesto fa la famosa affermazione: «Che cos'è il tempo [...]. Se nessuno m'interroga, lo so; se volessi spiegarlo a chi m'interroga, non lo so». Il tempo, sempre secondo le sue parole, è «un complicatissimo enigma».

Che cosa c'entrano sant'Agostino e la sua riflessione sul tempo con le vicende del nostro Filippo? C'entrano perché tutti i suoi problemi sorgevano proprio da ciò che il trascorrere del tempo lasciava nella sua memoria, della quale si sentiva schiavo, servo impotente. Il ricordo del passato dominava la sua vita, tanto il pensiero quanto le azioni.

Sant'Agostino, dopo aver affermato e sottolineato ripetutamente l'estrema difficoltà del definire il tempo, affronta comunque la sua indagine per arrivare a cogliere la natura del tempo stesso. Del resto, come abbiamo accennato, ognuno di noi usa la parola *tempo* molte volte anche nell'arco di una sola giornata, e per diverse esigenze: metereologiche («Come sarà il tempo domani», «Il tempo oggi è pessimo»); relativamente alla percezione individuale del tempo che passa («Questo pomeriggio non finisce più», «La settimana di vacanze è volata via»); per misurarlo («Quanto tempo ci vorrà a fare questo lavoro», «Quanto ci vuole ad andare da Genova a Bari?»); e via via con domande di questo tipo.

Ma ora provino il lettore o la lettrice a chiedersi: «Che cosa è il tempo?» Anzi, facciamola ancora più facile: «Se tu dovessi definire il tempo cosa diresti?» e vedrete che la risposta non è immediata, a meno che uno non pronunci quella che i filosofi chiamano «tautologia» (il predicato, cioè, non aggiunge nulla a quello che già dice il soggetto), del tipo «Il tempo è il tempo», di cui nessuno può dubitare perché non comunica proprio nulla.

Ma andiamo a vedere che cosa dice Agostino e che sarebbe stato molto utile a Filippo per capire quello che stava succedendo nella sua vita.

Agostino fa anzitutto una distinzione fondamentale fra tempo ed eternità, fra noi persone umane e Dio. Nella sua visione Dio ha creato il mondo e insieme il tempo: infatti, il tempo non esisteva, perché essendoci solo Dio c'era l'eternità, che non ha nulla a che fare con il tempo. Dio ha creato il mondo *con* il tempo, non *nel* tempo. Non esisterebbe il tempo senza mobilità, senza mutabilità (che non ci sono nella vita eterna). Scrive sant'Agostino, nelle *Confessioni*: «Se nulla passasse non ci sarebbe il tempo passato; se nulla arrivasse non ci sarebbe il tempo futuro; se nulla esistesse non ci sarebbe il tempo presente».

Il tempo non è, come abbiamo detto, il moto del Sole o della Luna; Agostino si rivolge invece all'animo umano e vi trova ciò che aveva cercato altrove: il passato, il presente, il futuro: «il presente del passato, cioè la memoria, il presente del presente cioè l'intuizione, il presente del futuro, cioè l'attesa». Il tempo non è altro che una *distensione* dell'animo (*distensio animi*) che ricorda (il passato), intuisce (il presente), aspetta (il futuro).

L'animo, entro il quale Agostino ricerca il senso del tempo, approda alla coscienza che si distende verso ciò che non è più (il passato) e verso ciò che non è ancora (il futuro) nel fuggevole presente che sta tra passato e futuro e tende a diventare passato futuro.

«I fatti passati sono presenti nella memoria» spiega Giovanni Catapano, docente di filosofia medievale all'Università di Padova e studioso di sant'Agostino: «in essa sono presenti le loro immagini: quel che si conserva nella mia memoria non è il fatto stesso (ad esempio un episodio della mia infanzia) ma la sua "traccia" mnemonica: io posso raccontare con verità quel fatto accaduto non perché lo vedo attualmente, ma perché vedo presente l'immagine che esso – che oramai non c'è più – ha lasciato nella mia memoria».

Questo non è possibile per quanto riguarda il futuro: non possiamo avere immagini di ciò che ancora non c'è, che non esiste; semmai possiamo vedere il futuro mentre sta avvenendo qualcosa, come l'aurora che precede la levata del sole: fatti che si ripetono e, perciò, permettono un ottimo livello di prevedibilità. Un altro esempio sono i lampi e i tuoni che fanno presagire, non con la stessa certezza del caso precedente, che pioverà.

Filippo viveva il presente del passato attraverso la memoria: le immagini negative e cariche di dolore costituivano la maggior parte dei suoi pensieri e facevano sparire in un sol colpo il presente e il futuro. Il presente era il suo passato, il suo passato era il suo presente. L'intuizione del presente non esisteva se non attraverso il filtro della memoria, che formava la sua famosa torre entro la quale c'era solo spazio per le immagini del passato e la loro eco che si diffondeva in lui, nel suo animo, nella sua coscienza, nella sua mente e nel suo cuore, tutti afflitti da questo tormento. Forse la concezione del tempo di Agostino avrebbe potuto aiutarlo a percepire il suo passato come qualcosa di presente nell'immaginazione ma, allo stesso tempo, di assente nella realtà perché, appunto, passato. Invece in lui accadeva l'esatto contrario: quei fatti nella sua mente erano il presente, e lo isolavano dal presente vero e proprio erigendo quelle mura sempre più alte. Viveva come se il passato fosse il presente stesso e non faceva nessuna distinzione, non ci provava neanche, non lo riteneva possibile.

Per lui non valeva la verità per cui senza divenire non c'è neanche tempo: il suo tempo era ricordo, immagini, paure, tormenti e angosce del passato che troneggiavano nel suo animo, si erano presi tutto lo spazio scacciando gradualmente le speranze, le gioie, i sogni, le prospettive, le aspettative, le chimere naturali per un giovane uomo. In altri termini, la possibilità di vivere la vita presente come presente e non solo come memoria del passato, seppur nella consapevolezza che il passato lascia «tracce» indelebili di sé attraverso l'immaginazione e, appunto, la memoria.

Scrive ancora Agostino nelle *Confessioni*: «Il futuro, che non esiste, non è lungo, ma un lungo futuro è la lunga attesa del futuro; così non è lungo il passato, che non esiste, ma un lungo passato è la lunga memoria del passato». Se canto una canzone, «la mia attività si distende in due sensi, nella memoria, per ciò che ho cantato, e nell'attesa, per ciò che sto per cantare: presente è però la mia attenzione per la quale il futuro si traduce in passato».

La coscienza si dispiega e, in questa *distensio*, la dimensione interiore dell'uomo diventa il luogo in cui il tempo assume una definizione molto originale, che percorrerà tutta la storia della filosofia, sottoposta ovviamente anche a critiche, ma fortemente apprezzata nel Novecento, tra gli altri, dall'esistenzialista Martin Heidegger e dal fondatore della fenomenologia, Edmund Husserl.

Agostino ha trasportato il tema del tempo dall'esterno, dove era rimasto per tutta l'antichità greca e romana, all'interno dell'uomo e della sua interiorità spirituale, ma certamente anche psichica: un balzo in avanti nella storia della filosofia che ancora oggi – così come nello scorso secolo, quello di Filippo – ha conservato un suo valore filosofico non trascurabile, anzi, di enorme portata.

La storia di Filippo è lì a dimostrarlo.

Sigmund Freud, quanto a scoperte rivoluzionarie, non è da meno rispetto ad Agostino d'Ippona. La psicanalisi da lui fondata rivoluziona lo studio e la comprensione della psiche umana. Come Agostino aveva spostato la possibilità di comprensione del tempo da fuori a dentro l'uomo, così Freud sposta l'attenzione dagli atti coscienti dell'uomo alle sue forze interiori, che superano la soglia della coscienza. Rimangono forze incoscienti e tuttavia influenzano in modo determinante, talora definitivo, le azioni degli uomini.

La scoperta dell'inconscio è una scoperta rivoluzionaria perché sposta il baricentro di tutta l'analisi e la pratica psicologica dall'esterno – come era stato fino ad allora – all'interno, secondo questo nuovo concetto. Sull'agire dell'uomo, sul farsi dell'uomo influiscono forze interiori di cui l'uomo stesso è all'oscuro.

L'attinenza del pensiero di Freud, e dell'inconscio in particolare, nell'analisi della situazione di Filippo è talmente ovvia che non servono neanche troppe spiegazioni. Filippo non conosceva il pensiero di Freud, e se qualcuno lo avesse aiutato a capire in che misura l'inconscio lavorava al suo interno a sua insaputa, e da dove venisse quella tendenza inestirpabile a scambiare il passato per il presente escludendo, di fatto, il futuro... be', forse le cose sarebbero potute andare diversamente. Avrebbe provato, per esempio, con il giusto aiuto, ad abbattere qualche pietra della torre che si era costruito intorno a lui. O, forse, a convivere con i suoi ricordi dolorosi senza farli prevalere su tutto il resto, così da ricominciare a vivere il presente e a non precludersi il futuro.

Freud ebbe una vita non facile. Nel 1933, per le sue origini ebraiche ma, a mio modesto avviso, anche perché le sue teorie avrebbero potuto mettere chiaramente in luce gli aspetti gravemente psicotici alla base del nazismo e del suo fondatore Adolf Hitler, dovette abbandonare la sua patria, l'Austria, annessa al Terzo Reich. Visse da rifugiato politico a Londra, dove morì nel 1939 all'età di 83 anni.

Freud riconduce la psiche a tre strutture che la compongono:

- l'*Es*, che rappresenta l'istintualità dell'inconscio, la libido, cioè l'aspetto psichico della pulsione sessuale, la vita istintiva guidata dal «principio di piacere» (per cui l'individuo tende naturalmente a sfuggire a sensazioni spiacevoli). Un allievo di Freud, Georg Groddeck

(1866-1934), scrive a proposito: «Io ritengo che l'uomo sia vissuto da qualcosa di ignoto: vi è in lui un *Es*, un'entità prodigiosa che dirige tutto quello che egli fa e tutto ciò che gli accade». (*Il libro dell'Es. Lettere di psicoanalisi a una amica*);

- l'*Io*, che è la coscienza dell'uomo, guidata dalle sue regole e dal «principio di realtà», per il quale l'individuo deve sottostare alle regole dell'ambiente esterno reprimendo le sue pulsioni racchiuse e custodite nell'*Es*. L'Io cerca continuamente compromessi, mira alla soddisfazione dei bisogni e al tempo stesso tiene conto dei pericoli esterni che incontra. Cerca una convivenza tra le esigenze dell'Es e quello del Super-Io;
- il *Super-Io* è in larga parte inconscio, è una sorta di autorità interiorizzata dall'uomo che gli ricorda le regole morali da seguire. È l'autorità morale che non concede alcun compresso e detta imperativi categorici di kantiana memoria.

L'Io appartiene per la stragrande maggior parte al conscio; l'*Es* invece appartiene esclusivamente all'inconscio, e il *Super-Io* appartiene all'inconscio per la maggior parte.

Scrive Freud in *Una difficoltà per la psicoanalisi* (1917): «appaiono improvvisamente pensieri di cui non si sa donde provengono; e non si può fare nulla per scacciarli. Questi ospiti stranieri sembrano addirittura più potenti dei pensieri sottomessi all'Io, e tengono testa a tutti quei mezzi, pur già tante volte collaudati, di cui dispone la volontà [...]. L'Io dice a sé stesso che si tratta di una malattia, di una invasione straniera e accentua la propria vigilanza, ma non può capire perché gli accada di sentirsi inceppato in una maniera tanto strana».

Il Super-Io è il risultato di un'accumulazione progressiva che comprende i divieti dei genitori ma anche la predisposizione dell'uomo a recepire e fare propri i modelli di vita proposti dalla società in cui vive: insegnamenti, guide, tradizioni, influenze ambientali e culturali, modelli ideali come quelli filosofici, religiosi, ideologici e via dicendo.

La torre costruita da Filippo, ovviamente, era costruita dall'inconscio. Nei suoi dialoghi, infatti, esprimeva disagio, senso di oppressione, angoscia, ma da solo non riusciva a determinare e descrivere quello che stava capitando nel suo intimo. Sentiva questa specie di corda che lo tratteneva senza sapere di cosa si trattasse, e accadeva puntualmente ogni volta che tentava di buttare fuori quello che serbava dentro: non ci riusciva e non sapeva il perché.

Il perché è racchiuso in quel termine coniato da Freud: l'inconscio. Da soli, non si può lottare con l'inconscio: ci vuole qualcuno che ti aiuti a farlo, quando esso provoca problemi psichici e psicosi che possono degenerare in patologie gravi. Non a caso il pensiero di Freud è incentrato sulla psicanalisi, l'analisi della psiche. Attraverso gli strumenti psicanalitici non vuole arrivare a una psicosintesi, cioè a qualcosa che elimini gli elementi in gioco, Es, Io e Super-Io; punta invece a rendere il paziente capace di convivere con i suoi ricordi, senza volerli eliminare ma ricollocandoli entro confini che non rendano il soggetto inetto a pensare, a progettare il futuro, a intessere relazioni con gli altri. In altre parole, la psicanalisi non vuole eliminare e distruggere parti di noi, ma aiutarci a convivere con i conflitti interni, anche se almeno all'inizio ciò può risultare molto faticoso. La torre e le varie pietre accumulate nella memoria di Filippo non dovevano essere distrutte, annientate, semplicemente perché non esiste uno strumento per sradicare dalla memoria fatti magari dolorosi: esiste piuttosto la possibilità di fare un cammino per capire e, successivamente, imparare a convivere con questi ricordi mettendoli nel posto giusto.

La vita è un intreccio tra passato, presente e futuro, come abbiamo visto nel pensiero di Agostino. E come il filosofo di Ippona anche Freud sposta l'analisi dall'esterno all'interno dell'uomo. L'uomo va alla ricerca di qualcosa che lo stesso sant'Agostino definisce sempre nelle *Confessioni*: «*Interior intimo meo*», "più interiore della mia intimità". Agostino si riferisce a Dio, ma l'espressione può essere usata anche per descrivere efficacemente l'uomo che guarda dentro di sé, come con l'analisi dell'inconscio di Freud. Anche l'inconscio, infatti, è più interiore, diremmo nascosto, della mia intimità più profonda.

Ovvio che si tratti di due prospettive completamente diverse, anche perché Freud era ateo dichiarato, non è lecito stabilire concordanze che non ci sono, ma le dinamiche del tempo in Agostino e quelle interne all'uomo descritte da Freud hanno delle assonanze.

Per concludere, dobbiamo citare un'altra triade di concetti congegnata dallo stesso Sigmund Freud per descrivere il funzionamento della psiche e della coscienza. La triade conscio-preconscio-inconscio descrive – come l'altra (Es, Io, Super-Io) – il funzionamento della psiche umana e appare nel capitolo sull'inconscio nella sua opera *Metapsicologia* (1915).

La parte conscia è quella che racchiude tutto ciò di cui siamo immediatamente coscienti senza bisogno di mediazioni o interpretazioni: ne siamo consapevoli. Il preconscio è una prima barriera che impedisce al conscio di arrivare spontaneamente e senza sforzo a quegli atti, quelle sensazioni e quei ricordi che potrebbero diventare coscienti, ma non nell'immediatezza. Ci vogliono sforzi e impegno da parte dell'individuo, oltre, naturalmente, alla consapevolezza. L'inconscio pone una barriera tra sé e il preconscio ancora più forte di quella tra il preconscio e il conscio. *L'interpretazione dei sogni*, opera di Freud del 1899 che apre di fatto la stagione psicanalitica, è – per inciso – un'indagine sui recessi dell'inconscio attraverso il momento del sogno. L'inconscio contiene tutto ciò che è stato rimosso dalla psiche umana, o perché dimenticato o perché si trattava di qualcosa di spiacevole anche al solo ricordo; ma questi dati, fatti, eventi e sensazioni incidono su chi siamo e sul modo in cui ci comportiamo.

Ma poiché l'inconscio è sostanzialmente inaccessibile, possiamo avvicinarci a capire che cosa contenga tramite i segni che emergono dall'analisi della nostra psiche (la psicanalisi) e al limite dalle patologie manifestate dell'individuo a livello psichico.

L'inconscio è qualcosa di totalmente diverso dalle regole mentali che presiedono ai nostri pensieri e i nostri comportamenti, compresi quelli verso gli altri. Contiene pulsioni di vario tipo, desideri tra i più diversi, spesso legati alla libido e talmente scandalosi che, in qualche modo, il resto dell'apparato psichico se ne difende per non esserne devastato.

Filippo aveva trovato nel lavoro alle Poste una specie di barriera che gli concedeva un po' di quiete e di serenità. Diciamo che lo distraeva da quella massa di ricordi negativi, esasperanti, che fuori dall'ufficio teneva a bada con molte più difficoltà. La maggior parte delle volte non riusciva a contenerle, data la loro energia e la loro forza d'impatto sulla sua psiche stanca e provata. Chissà che cosa c'era nel suo inconscio: probabilmente quello che gli accadeva veniva proprio da lì.

Filippo viveva la sua vita inconscio che esistesse l'inconscio, ed è complicato dire quanto sarebbe cambiata se lo avesse saputo. La sofferenza non sarebbe scomparsa perché ormai quelle sensazioni, quelle emozioni condizionavano la sua psiche in modo imperioso.

Non sapeva nulla di Agostino e di Freud.

Tutto continuò allo stesso modo fino a quando, verso la cinquantina, una serie di coincidenze e di eventi cambiarono il corso della sua vita. Non lo abbiamo detto, ma con grande fatica Filippo riuscì pian piano a uscire dalla torre: le pietre rimasero dov'erano, non dimenticò nulla, ma finalmente cominciò a imparare a conviverci. Non è dato di sapere se si fosse rivolto a uno psicanalista, o magari se avesse fatto un percorso spirituale. In ogni caso, Agostino e Freud ne sarebbero stati contenti.

Anche se il fondatore della psicoanalisi morì quando Filippo non era ancora nato, e Agostino era vissuto non meno di diciassette secoli prima.

III

LA COSCIENZA E L'AUTOCOSCIENZA

La domanda

Che cos'è la coscienza? Che cosa vuol dire? È solo una questione morale o è qualcosa che ci mette in relazione con tutto quello che ci circonda?

Che cos'è l'autocoscienza? È qualcosa di diverso dalla coscienza o sono la stessa cosa? La prima rivolta verso sé stessi e l'altra verso gli altri?

Perché è fondamentale avere le idee chiare su questi due termini? Perché per la nostra vita è importante capire bene di che cosa si tratta?

La coscienza e, soprattutto, l'autocoscienza riguardano il nostro «io», nella parte più profonda, più intima. Ne va di noi e della nostra vita, è essenziale. Ma come?

Margherita, che faceva bene tante cose, ma non riusciva a capire chi fosse Margherita

Si chiamava Margherita. Da sempre era felice di avere quel nome, fin da bambina, quando scoprì che si chiamavano così i fiori che amava di più e che fiorivano nel suo giardino belli e rigogliosi. Una fortunata coincidenza, che talora la vita regala.

La nostra Margherita era tutt'altro che una lavativa, l'esatto contrario: una di quelle persone che, non si sa se per natura o perché cresciute in un ambiente stimolante, sono in continua attività, se non fisica, mentale – cambia poco – e sono ben equipaggiate per essere così dinamiche, se lo possono permettere perché hanno in sé una specie di fonte di energia inesauribile o che, almeno, appare tale.

Era nata il 21 marzo: data dell'equinozio, in cui il giorno e la notte hanno la stessa durata, e inizio della primavera. Non poteva nascere in un giorno più conforme alla sua personalità. *Risveglio di primavera* è il titolo di un'opera teatrale di Frank Wedekind, in cui si parla appunto del risveglio del vivere, della gioia primaverile, dello sbocciare dei sentimenti e il loro fiorire soprattutto nei giovani: per Margherita il risveglio era continuo e durò a lungo. Anche il fatto che nel giorno del suo compleanno la lunghezza del giorno arrivasse a eguagliare quella della notte, si addiceva molto a Margherita perché anche per lei tra giorno e notte faceva poca differenza. Spesso, nelle sue molteplici attività, si ritagliava spazi notturni per pensare, gradiva molto farlo quando fuori era buio: scriveva i suoi appunti, si preparava con tutto l'impegno possibile per le cose da fare il giorno seguente.

Tutto andò avanti fino a trentacinque anni circa, quando una mattina, davanti allo specchio, mentre con scrupolo – come sempre – si attardava in bagno per prepararsi, venne colta all'improvviso da una domanda che non le era mai neanche lontanamente passata per la mente. Guardandosi riflessa, senza fare niente, con lo sguardo fisso nei suoi stessi occhi si chiese: «Ma chi è Margherita? Chi sono io? Faccio tante attività che mi piacciono e sono gradite anche agli altri, ma dietro questa miriade di iniziative e impegni chi c'è? So anche perché le faccio, e quando le sto facendo provo anche soddisfazione; ma alla fine quante di quelle cose è veramente Margherita che le fa? Non è che disperdendomi in tutte queste attività perdo il filo di ciò che le tiene unite, che sarei io? Mi disciolgo, mi spendo, mi sparpaglio in tutte queste attività: farei meglio a concentrarmi di più su una sola e convogliare le energie su di essa?»

Margherita era, come abbiamo detto, un flusso ininterrotto di energia, non si fermava mai né fisicamente né tantomeno mentalmente, ma ciò non le aveva mai provocato problemi, ansie o incertezze. Aveva frequentato il liceo artistico e all'università si laureò in Storia dell'arte con una tesi su Orazio Lomi Gentileschi (1563-1639), un seguace di Caravaggio del quale Margherita era da sempre affascinata, letteralmente rapita. Non potendosi cimentare con Caravaggio stesso per questioni di tempo – l'elaborazione della tesi avrebbe richiesto qualche anno tra letture, visioni delle opere e scrittura –, optò per un suo «allievo».

In realtà, come aveva compreso studiando Roberto Longhi, colui che riscoprì Michelangelo Merisi del Novecento, più che di «scuola» nel suo caso si poteva parlare di «cerchia», considerata la vita avventurosa e rocambolesca del Caravaggio. Margherita aveva sottolineato in particolare una frase: «Dato che il Caravaggio suggerì un atteggiamento, provocò un consenso in altri spiriti liberi, non definì una poetica di regola fissa; e insomma, come non aveva avuto maestri, non ebbe scolari».

Lavorando alla tesi ebbe subito modo di capire, soprattutto vedendo la *Madonna col bambino* (1605-1610), che certamente Gentileschi aveva tratto da Caravaggio una certa filosofia e un certo stile, ma che era comunque lontano dal Maestro, da lei adorato. Del resto per Caravaggio sarebbe stato difficile coltivare una sua scuola: la sua vita passò di bettola in bettola, frequentò il popolo e fu anche condannato, prima per una rissa, poi addirittura per un omicidio, dopo aver commesso il quale fuggì a Napoli da Roma. Una biografia inimitabile che, soprattutto, si accompagnò a una capacità innovativa altrettanto inimitabile.

Margherita era molto attratta dalla vita del Caravaggio, una vita libera, senza paura, con uno stile quasi zingaresco, senza requie e sempre contro ai costumi e alle regole del tempo, in campo sia artistico-pittorico sia esistenziale. In tre parole, molto semplici ma altrettanto difficili da mettere in pratica: uno spirito libero.

La giovane Margherita ne era rimasta affascinata fin dal liceo, e poi a maggior ragione durante gli anni universitari, rapita da questo spirito di libertà e ribellione. Possiamo dire con relativa certezza che proprio questa passione artistica abbia poi condizionato il corso della sua vita. Andò senz'altro così, al punto che, per vedere le opere dell'artista, Margherita si spinse fino a Malta, dove Caravaggio mirava a diventare cavaliere per ottenere l'immunità quando ancora pendeva su di lui la condanna alla decapitazione per omicidio.

Dal punto di vista pittorico, l'elemento che più impressionava Margherita era lo studio dell'espressione delle figure rappresentate, che davano dinamicità all'opera. Osservando i personaggi, da fissata, ferma qual era l'opera sembrava muoversi. Gli sguardi e gli incroci di sguardi creavano quello che potremmo definire «movimento degli spiriti» nei personaggi: dolore, inquietudine, terrore, apprensione, partecipazione al dolore altrui. Data la sua naturale vitalità ed energia interna, Margherita non poteva non amare un pittore che riusciva addirittura a trasferire energia spirituale e carnale negli uomini e nelle donne rappresentati nelle sue opere.

I personaggi erano presi dal popolo, dalla strada, dalle bettole, insomma dagli ambienti frequentati da Michelangelo Merisi, detto Caravaggio dal paese bergamasco dov'era nato. D'altra parte, non poteva mantenere il nome di Michelangelo perché c'era già chi l'aveva reso celeberrimo nella storia dell'arte, il Buonarroti. Questa raffigurazione di volti popolari anche nelle opere d'arte sacra era la cosa che affascinava di più Margherita, con il suo spirito profondamente religioso e altrettanto corporeo. Il fatto, com'è facile intuire, provocò non pochi problemi a Caravaggio. Ma entusiasmava Margherita proprio per questo andare controcorrente, superare e combattere i canoni della pittura accademica del tempo, come poté scoprire addentrandosi nei reconditi della vita dell'artista.

Ovviamente, la colpiva anche lo studio della luce, che in Caravaggio squarciava la tela in modo da dare ancora più vitalità ai personaggi rappresentati.

Espressioni, popolo e luce, agli occhi di Margherita, non erano più solo un fattore pittorico ma, potremmo dire, un modo di concepire la vita. Gli sguardi e la contorsione che animavano i corpi rappresentavano una dimensione superiore dell'umanità; la scelta di inserire elementi popolari significava farsi coinvolgere nell'umanità ordinaria, cosa che per lei costituiva una sorta di dovere; la luce che Caravaggio interpretava quasi come una scenografia, grazie ad accorgimenti come l'uso del chiaroscuro, sapeva illuminare scene spirituali come la *Vocazione di san Matteo*, o fatti drammatici come il *Martirio di san Matteo*.

In definitiva, ciò che esaltava Margherita era il «realismo drammatico» – secondo la definizione di Carlo Giulio Argan nota a tutti gli studiosi d'arte – di Caravaggio, che risaltava motivi tanto religiosi quanto sociali: il divino si rivelava negli umili.

Di fatto, un po' inconsciamente, queste furono le linee direttive dalla vita stessa di Margherita e delle sue molteplici attività.

Margherita insegnava Storia dell'arte in un liceo artistico intitolato a Giotto. Lo faceva con tanta passione e dedizione, che talvolta non sono sufficienti per attirare l'attenzione degli studenti, ma non nel suo caso. Il suo trasporto era tale che alla fine riusciva a coinvolgere i suoi allievi: le numerose classi finivano nella maggior parte dei casi per entusiasmarsi alla materia. Gli studenti l'avevano addirittura soprannominata «Vaggia» per il suo amore incontenibile per Caravaggio, che traspariva a ogni occasione.

Ma lei non si limitava a darsi da fare con l'insegnamento. Quando non era a scuola, praticamente stava sempre nelle periferie della sua città, Bologna, cosa che a un certo punto suscitò la disapprovazione della sua famiglia – di estrazione borghese – ma anche di alcuni amici benpensanti che lei definiva «bigottoni» e del suo parroco, un tipo sulle sue e poco propenso a visitare i luoghi disagiati, ritenendo che le celebrazioni liturgiche e il catechismo esaurissero i suoi compiti di prete. Le periferie, per Margherita, erano il «popolo» di Caravaggio: non conoscerlo e non stare dalla sua parte per lei era come tradire i propri ideali e, soprattutto, come limitarsi a conoscere il mondo a metà. Anzi, in alcuni casi molto meno della metà. Era anche molto sportiva e teneva molto a mantenere sempre allenato il suo fisico, già di natura ben dotato, atletico e scultoreo. Faceva anche altre cose, ma non è importante raccontare quali: basti dire che erano tante e tutte fatte con il massimo dell'impegno e della diligenza.

La sera di quello stesso giorno in cui, al mattino davanti allo specchio, tante domande avevano invaso la sua mente, Margherita arrivò a casa stanca morta: aveva fatto più del solito, un mare di cose, spostandosi da una parte all'altra della città. Si sentiva come in mezzo a onde che la travolgevano, ma alle quali resisteva nuotando con la ragione oltre che con l'immaginazione. Si chiese perché sprecare tutte le energie facendosi assorbire da quelle domande, quei piccoli o grandi dilemmi. Da dove arrivavano gli interrogativi che le frullavano in testa? Che cosa l'aveva indotta a simili pensieri? Perché provava un certo senso di disorientamento? Le cose che faceva erano in gran parte le stesse che aveva sempre fatto, salvo alcune attività entrate recentemente nella sua vita, come i cineforum estivi, all'aperto, per i ragazzi e le ragazze di periferia, con successive ed esilaranti discussioni sul film appena visto, come in ogni cineforum che si rispetti.

Senza dubbio la sua filosofia di vita non era cambiata: la passione per la storia dell'arte inseguendo lo spirito di Caravaggio, lo studio approfondito e sempre più serio della sua opera – culminato in una pubblicazione, peraltro molto apprezzata dalla critica –, la cura del corpo, l'impegno in favore dei più deboli, dei «dimenticati» e delle persone comuni, ordinarie, come imperativo etico a cui non poteva sottrarsi per poter stare bene. E pensare che questa attenzione ai ceti popolari non le era venuta dal catechismo o dall'educazione cristiana in generale, ma proprio da Caravaggio, dai soggetti umili che inseriva nelle sue pitture a tema sacro. Era da lì che scaturiva la sua passione per la povera gente, dalla convinzione che, come già sottolineato, il divino si manifesta negli umili.

Forte di questa convinzione, a un certo punto decise di condividere *in toto* la loro condizione, e andò ad abitare in una delle periferie più malconce di Bologna. Non lo fece per rispetto di un dovere morale dettato da qualche autorità o fonte esterna, ma perché così sentiva di poter esprimere meglio quello che provava spontaneamente verso queste persone umili, cadute nell'oblio; in altre parole, volle che il suo sentimento di compartecipazione intima alla sorte sfortunata di questi uomini e donne si trasformasse in vita vissuta. Diversamente dalla storia di Agosto, detto Agostino, di cui parleremo nel prossimo capitolo, la sua non era la risposta a un «imperativo categorico» (termine di Kant, come vedremo) ma a un categorico «senso di compassione» (dal latino *cum*, con, e *patire*, cioè provare una passione solidale con gli altri, cioè sopportare insieme la malasorte) per quelle persone.

Le crisi d'identità, in generale, colpiscono molto più le donne e gli uomini che sposano una causa che non coloro che vivono trascinati dalla corrente più o meno impetuosa della vita. Le persone di questo tipo, infatti, sono assorbite dagli altri, dall'impegno in loro favore, e possono trovarsi di punto in bianco nella situazione di sentirsi svuotate, come se la loro energia e il loro «io» fossero risucchiati da questo impegno, lasciandole senza più un baricentro. È allora che può sorgere in loro una domanda, che non riguarda ciò che fanno ma chi sono. È come se si accorgessero che la loro interiorità è diventata pura esteriorità: certo non vivono con leggerezza e tanto meno un'esistenza vuota, ma a un certo punto scatta l'impressione, la sensazione, non facilmente esternabile, di una scomparsa dell'«io» nel *mare magnum* delle loro attività. I mille impegni e iniziative finiscono per indurre la percezione di un «io sparpagliato».

È ben difficile che una personalità fiacca e sbiadita di natura affronti momenti di crisi identitaria ed esistenziale, in genere. Certi individui si fanno vivere dalla vita stessa, dagli altri, dagli eventi, dal caso, ma senza prendersene cura: la loro vita non è nelle loro mani, l'hanno lasciata in mani altrui, di volta in volta. Vivono in uno stato di incoscienza, non nel senso che compiono o pensano atti inconsulti, ma in senso psicologico: non riflettono su quello che fanno, non si pongono problemi che non siano strettamente materiali. Al massimo si interrogano su come fare una cosa, non sul perché farla. Una vita così, al limite, si riduce al minimo vitale, al biologico. Non sono casi isolati: molti uomini e donne vivono nell'incoscienza inconsciamente; cioè vivono inconsciamente ma senza saperlo, lo sviluppo della loro esistenza non deriva dalle loro scelte ma è dettato dalle circostanze, ed evitano accuratamente tutto ciò che potrebbe porre questioni difficili a cui dover rispondere. Non vogliono guastare il loro mondo placido, quasi inanimato, ovattato.

Ecco, Margherita, almeno da quella sera, si trasformò nel contrario speculare di questo tipo di individui. La riflessione sul senso di quello che faceva diventò così importante che non poté più farne a meno né relegarla in un angolo nascosto della sua coscienza. Era in gioco il senso della sua vita, e le sue riflessioni abbracciavano questioni di enorme portata.

Sorsero quando già abitava in periferia da qualche tempo.

Se ci pensate bene, il suo lavoro in periferia, in aiuto soprattutto ai giovani, ma anche ai meno giovani, aveva a che fare con la sua anima, la sua coscienza. In due modi.

Innanzitutto, grazie alla sua spontanea empatia Margherita finiva per introiettare i problemi delle persone dentro di sé: come se avesse due interiorità, la sua e quella delle persone che aveva davanti, due interiorità che venivano a contatto, si toccavano. Nell'anima di Margherita, accogliente e ben disposta verso l'altro, restava ogni volta una traccia, che si sommava alle tracce di tutte le altre persone di cui si prendeva cura, direttamente o indirettamente. Non era quel che si dice un peso insopportabile, ma la presenza nella sua anima di persone dall'anima offesa, trascurata da chi avrebbe dovuto interessarsene – a partire dai genitori –, spesso oltraggiata e oggetto di violenze vere e proprie. Alla fine, Margherita, interiorizzava un forte carico di sofferenza altrui.

In secondo luogo, per attingere all'anima altrui, Margherita doveva in qualche misura uscire dalla sua. Chi si occupa degli altri esce da sé stesso per provare a impersonarsi in colui che chiede aiuto: con le parole, con gli occhi o senza fare niente. Ci si *ex-pone*, ci si pone fuori, si esce da sé per raggiungere l'altro attraverso gesti – un abbraccio, o una più semplice stretta di mano con partecipazione e forza –, ma anche con «gesti» dell'anima, prestando l'orecchio e l'anima, appunto, all'ascolto profondo, che ci coinvolga nell'altro.

L'anima di Margherita veniva tirata e stiracchiata da ogni parte – distesa, come avrebbe detto sant'Agostino –, allungata e allargata verso gli altri, che alla fine diventavano come parti di lei. E il numero degli ospiti della sua anima aumentava in modo progressivo e costante. Da qui sorgevano le sue domande.

Sollecitando così tanto la propria esistenza-anima, è naturale conseguenza che l'«io» possa faticare a rimaner saldo in sé stesso. Si ha l'impressione che l'«io» si disperda e che, pur compiendo azioni ritenute giuste, sbandi, si senta smarrito, o perfino che si disciolga.

Queste sensazioni diventarono il pane quotidiano per la coscienza della nostra Margherita.

«Anch'io facevo tante cose» cominciò a dire Raffaella in un caffè nel centro di Bologna. Si erano trovate lei, Margherita e Floriana, che era tutt'altra persona, ma alla quale erano molto affezionate. «Sentivo che non sapevo più chi fossi, chi era la Raffa, come mi chiamate voi. Poi ho deciso di tagliare un po' di rami secchi, di sfoltire i miei impegni. Mi sentivo come una pianta soffocata dai tanti sterpi che le si sono avvinghiati intorno col passare degli anni. Dopo, ho avuto la sensazione di essermi liberata e vivere coscientemente solo quello che mi fa stare bene.»

Floriana, al contrario delle altre due, era un tipo vitale che viveva esperienze appaganti ed effimere, senza porsi troppi problemi, ma non perché fosse superficiale – non lo era affatto – ma perché amava coscientemente vivere così. C'è anche da dire che era più giovane delle altre due: particolare di non poco conto, era più vicina alla trentina mentre Raffaella e Margherita alla quarantina. Ma più che di età si trattava di carattere, di predisposizione. Certo non le mancava la personalità.

«Io» prese a dire, «non sento di dovermi liberare da

nulla e da nessuno, sono serenamente *single* e infilo sempre tutto nel grande imbuto della mia vita: naturalmente ci infilo ciò che mi pare e piace, e la prima cosa che mi sembra positiva la faccio. Molte volte non sono neanche io a decidere, ma la vita, gli incontri, le persone e gli eventi che si presentano nel mio orizzonte. Però va bene così: vivo amori mai troppo dilatati nel tempo, se mi impegno in qualcosa lo faccio intensamente, tanto più se so che a un certo punto finirà, e non me la sento di assumermi responsabilità se non per periodi molto circoscritti.»

«Ma, Floriana» disse Margherita, «vivendo in questo modo non ti senti mai spaesata, disorientata, non senti mai quel non so che, come se tu fossi sradicata da te stessa?»

«No, Margherita, al contrario mi sento padrona di me stessa e consapevole delle scelte che faccio. Magari agli altri può apparire che io sia superficiale ma, come sapete perfettamente, la cosa non mi tocca neanche un po'. Anzi, in alcuni casi quello che faccio lo considero una sorta di sfida a questa società di benpensanti attenti alle forme anziché alla sostanza della personalità altrui. Loro, infatti, non hanno personalità, e non possono capire chi ce l'ha e la vive in libertà, senza badare a nessun tipo di censura sociale. Io sto bene così e me ne frego del giudizio altrui, a meno che non siano gli amici a giudicarmi. Ma se sono veramente amici non lo fanno.»

«Ci ho provato anch'io» riprese Raffaella «ma non ce l'ho proprio fatta. Anzi, più andavo avanti e più mi ingarbugliavo dentro, perché non capivo più nulla, e anche fuori, perché non sapevo più come gestire tanti rapporti di amicizia, di lavoro, nelle associazioni e nei vari circoli che mi trovavo a frequentare.»

Margherita ormai ascoltava in silenzio: non si aspettava

che le sue amiche avessero affrontato gli stessi problemi, sia pure da punti di vista tanto diversi e distanti. Se per Raffaella si era trattato di mettere un po' d'ordine nella sua vita e di riorganizzarla, in maniera, diciamo, molto concreta e specifica, Floriana aveva un vitalismo esorbitante che non doveva essere ricomposto; non lacerava il suo «io», ma lo esprimeva appieno. Per lei invece la situazione era più complicata: era come se vivessero in lei tante Margherite, tutte consapevoli e coscienti di quello che facevano, e anche ben decise a farlo, con motivazioni forti; ma queste diverse Margherite non potevano essere sommate, fondersi insieme e formare un'unica Margherita. Sentiva che la Margherita che aveva dato vita, origine e senso a quelle tante Margherite era come scomparsa. Non le sembrava più di essere una persona, ma tante persone, tutte con lo stesso nome, tutte con la stessa fisionomia, tutte ben motivate nei diversi ambiti di impegno della sua vita. Le mancava un baricentro, il punto centrale che dà stabilità al tutto, il nocciolo che organizza attorno a sé la molteplicità degli atti, delle scelte di una persona. Tutti noi abbiamo – o cerchiamo di avere – il nostro baricentro, e tentiamo di renderlo più saldo, più sicuro, più forte.

«Per quanto mi riguarda» disse Margherita, «sento un disagio, ma se devo definirlo mi trovo in difficoltà. Sento che così non va bene, eppure non ho per niente chiaro che cosa dovrei fare per migliorare la situazione o, meglio ancora, superarla. Insegno, faccio sport per avere cura del mio corpo, mi impegno nelle periferie: faccio tutto con passione e con dedizione perché mi viene naturale fare così, e sono contenta di esprimerlo in campi tanto diversi e per me ugualmente interessanti e coinvolgenti. In fondo, io sono indubbiamente contenta di quel che faccio, e a volte anche fiera, onestamente: non tanto di me, ma dei risultati che raggiungo per gli altri. Eppure ho dentro questa specie di verme che mi rode e non mi fa stare tranquilla e sicura di essere una Margherita forte, dalla personalità armoniosa. Sono invece piena di incertezze su di me, sul mio operato, non riesco a capire qual è il mio baricentro attorno al quale dovrebbe ruotare tutto o, di fatto, ruota tutto.»

Floriana si fece di nuovo avanti. «Io sono la meno adatta a darti dei consigli, ma una cosa te la posso dire: quando ho cominciato a vivere così come vivo ora, circa dieci anni fa, anch'io mi sentivo un po' dispersa. Al contempo, però, ero sicura che quella fosse la mia strada perché le singole cose che facevo mi rendevano felice ed ero convinta che fossero giuste per me, anche se poi ne derivava un'esistenza che, agli occhi degli altri, poteva apparire dissennata, frastagliata, senza neanche la parvenza di un filo logico. Pensavo, e penso tutt'ora, che quando una cosa che fai ti rende serena anche con il passare del tempo, allora stai facendo la cosa giusta. Credo valga anche per te, vedrai che prima o poi, presto o tardi che sia, continuando a fare quel che fai ti sentirai a tuo agio e svaniranno le nubi che ora ti attanagliano con tutto il seguito di dubbi, angosce e incertezze.»

La persona che si era autodefinita «la meno adatta a dare consigli», in realtà, aveva dato a Margherita un consiglio che le sarebbe stato molto utile. In particolare, aveva introdotto nel discorso il fattore tempo, che in certi casi sistema le cose, le mette a posto da sé. Lo abbiamo già visto nel caso di Gero e Filippo, e lo vedremo con Agosto: il tempo sedimenta, lascia che le varie percezioni si posino nella coscienza e le fa decantare come succede al vino che si libera dagli eccessi e dalle scorie per tirar fuori la parte migliore di sé. Floriana aveva ragione: forse le sue parole non erano frutto di grandi riflessioni e speculazioni filosofiche, ma sorgevano dall'esperienza e avevano un grande valore. A modo suo, aveva dato un senso all'accumulo di esperienze che aveva affrontato, molteplici, variegate, spesso anche contraddittorie o dettate solo dall'impulso, eppure veraci, anzi vere.

Margherita aveva ascoltato tutto, rilevando nelle parole delle sue amiche uno spontaneo senso di amicizia, un vero moto di compartecipazione a ciò che stava attraversando.

«Non so se vi ho mai raccontato del mio amore per il mio nome» chiese.

«No» disse Raffaella. «Non ne so nulla» aggiunse Floriana.

«Da piccola ero affascinata dai fiori del mio giardino. Avrò avuto appena tre anni. Mi affascinavano alcuni in particolare, che guardavo sempre avvicinandomi pur senza toccarli: chissà, temevo di rovinarli, di guastare la loro bellezza. Appena potevo ci andavo vicino e li guardavo, li riguardavo, mi sdraiavo nel prato per vederli meglio. Mi è tornato alla memoria in questi giorni il momento in cui scoprii che quei fiori si chiamavano come me: me lo disse mia nonna Alessandra. Da allora il mio amore per le margherite si è moltiplicato, e ancora oggi è così.»

«Che bello» disse Floriana «sembra un film...» «Una storia romanticissima!» sottolineò Raffaella.

«Ecco, proprio ripensando a quei momenti» proseguì Margherita «mi è venuta in mente una sorta di metafora della mia situazione di oggi: è come se i tanti petali che rappresentano le cose che faccio, parti di me, si fossero staccati dalla corolla, che sono io. Mi volano intorno, non sono spariti: li vedo, non sono caduti e appassiti da qualche parte. Li potrei raggiungere con la mano, ma non so se si lascerebbero prendere, e comunque si sono staccati dalla mia corolla, la corolla di Margherita. Io sono lì e ho l'impressione di non essere più corolla, un centro da cui deriva tutta me stessa, i petali delle cose che faccio nella mia vita quotidiana, il mio affannarmi in tanti impegni. A volte ho come l'idea di dileguarmi, soffro un senso di perdita di me stessa.»

La corolla e i petali: questa volta Margherita aveva l'impressione di aver colto nel segno. I ricordi dell'infanzia le avevano sollecitato nuove riflessioni, come del resto avviene sempre: un fatto, un incontro, un evento, un dato, anche un frammento della nostra vita ci inducono a pensare. Potremmo dire che la riflessione sulla nostra vita nasce sempre da un «piegarsi» (*flectere*), sporgersi verso qualcosa che ci è successo, avvicinarsi con la mente per capirne di più, per acquistare maggiore consapevolezza di noi o di quel che sta intorno a noi. Questo andirivieni tra avvenimenti e riflessioni aveva stimolato nella mente di Margherita quella metafora utile per capire i suoi problemi.

Problemi che, come spesso accade, non furono risolti dalla conversazione con le amiche, da cui però capì che non era la sola ad affrontare la condizione di quando ci si sente dissolvere in tanti frammenti perdendo il baricentro. Raffaella e Floriana partivano da situazioni e sensibilità diverse dalla sua e, probabilmente, anche da idee della vita differenti, anche se non si erano mai confrontate sull'argomento. Ma capiva comunque che anche in loro esistevano domande simili alle sue, sui vari perché delle loro vite, e questo rappresentava una consolazione: non era la sola.

Del resto, anche se lei probabilmente la visse in maniera più profonda, acuta e consapevole, l'esperienza di Margherita è comune alle persone che a un certo punto della loro vita, e magari più volte, provano una vera e propria impressione di spaesamento. Non sanno più chi sono, perché fanno questo o quello e neanche al limite che cosa ci fanno a questo mondo. È normale, perché l'essere umano è qualcosa di minuscolo in confronto all'universo e insieme la creatura più grande che c'è sulla Terra, e questo lo sa: quindi non si accontenta, ricerca, scava, scruta nell'orizzonte della sua vita, senza darsi tregua.

Margherita non poteva sapere che Tommaso d'Aquino e Jean-Paul Sartre...

Come abbiamo visto, Margherita aveva intuito la metafora della corolla e dei petali e aveva cercato di applicarla alla sua vita.

Bene, l'autocoscienza e la coscienza sono davvero come una margherita: noi siamo la corolla e la coscienza è ciò che ci fa entrare in contatto con i petali, ossia tutto quello che incontriamo: persone, cose, eventi, fatti, fenomeni. Margherita non lo sapeva, né sapeva che un filosofo-teologo del XIII secolo e un filosofo francese della sua stessa epoca – il XX secolo – avevano ragionato a lungo proprio su questi argomenti, arrivando a elaborare pensieri che si sarebbero intrecciati facilmente con i suoi.

Tommaso d'Aquino (1225/1226-1274) è stato uno dei pensatori di maggiore influenza nella storia della teologia e della cristianità stessa. È stato definito un filosofo realista, nel senso che tutto il suo pensiero filosofico parte dall'osservazione della realtà che esiste, che ci circonda. La coscienza è caratterizzata da un'apertura verso l'altro da sé. Il processo della coscienza è un'attività intellettiva, dell'intelletto di cui tutti siamo dotati. In qualche misura, la coscienza accoglie l'altro da sé, la realtà che lo circonda (realismo), è un'attività caratterizzata dall'intenzionalità: la capacità della nostra coscienza di essere rivolta verso qualcosa. Del resto, intenzionalità viene dai vocaboli latini *intentio* e *intendere* che rimandano a una *tendentia*, una tendenza, l'attività di chi tende verso qualcos'altro.

L'intenzionalità non va confusa con l'intenzione, magari di fare qualcosa, i due concetti non c'entrano nulla l'uno con l'altro. L'intenzione ha una connotazione morale: si possono avere buone o cattive intenzioni, si può agire per uno scopo nobile o abietto. L'intenzionalità riguarda invece la conoscenza, il tendere verso la realtà di oggetti, persone, fenomeni che ci circonda.

Il concetto di intenzionalità fu ripreso nel Novecento soprattutto dalla corrente filosofica della fenomenologia, e in particolare da Franz Brentano (1838-1917) e Edmund Husserl (1859-1938), per il quale «la coscienza è sempre coscienza di qualche cosa». Esattamente ciò che possiamo verificare nella nostra esperienza della realtà. Noi abbiamo sempre coscienza di qualcosa, oppure immaginiamo qualcosa, ma allora è, appunto, immaginazione, non coscienza, in tal caso abbiamo coscienza del fatto che stiamo immaginando, per esempio, un cavallo alato.

In un certo senso, Margherita aveva coscienza di tendere verso quello che faceva o vedeva, verso chi incontrava e sentiva divenire una parte di sé. Ciò verso cui tendeva entrava a far parte di lei. In questo modo, naturalmente, stiamo applicando il pensiero di san Tommaso a un caso particolare, i petali della nostra inconsapevole Margherita. In realtà, per lui il soggetto nell'intenzionalità non è ciò verso cui tende la propria coscienza. Se vedo un cavallo non divento un cavallo, né il cavallo entra nella mia mente fisicamente, ma attraverso la vista entra nella mia coscienza e si trasforma nell'immagine e nel concetto di cavallo. Ho un'idea del cavallo che mi permetterà di riconoscere altri cavalli. Eppure, interpretando un po' liberamente il pensiero di Tommaso, Margherita *tendeva* verso tutto ciò che faceva nella sua vita e, sbagliando, pensava che tutte le sue attività ed esperienze fossero come tante diverse Margherite. Ed era piuttosto scoraggiata dai suoi difficili e continui tentativi, non organizzati né programmati, di ritrovare in sé stessa Margherita. Non riusciva a ritrovare l'unità del proprio «io».

In definitiva, che cosa mancava a Margherita? La consapevolezza dell'autocoscienza, che è il secondo concetto basilare di questo capitolo.

Anche in questo caso ci viene in soccorso Tommaso d'Aquino, il *Doctor angelicus*, come veniva e viene chiamato, che può contribuire a capire la situazione di Margherita e di molti uomini e donne ai quali sembra di perdere sé stessi nei loro flussi di coscienza verso la realtà, nonché nelle loro varie azioni e attività.

L'autocoscienza è quella situazione in cui la persona è presente a sé stessa. Quando diciamo di qualcuno che non è presente a sé stesso, o quando noi stessi avvertiamo di non esserlo, cos'altro vuol dire, se non che agiamo trascinati dalla vita, senza tenerne saldamente in mano le redini? Rifacendoci al senso di dispersione provato da Margherita, potremmo usare un'altra immagine e paragonare la vita a un cavallo. Ebbene, noi possiamo vivere attaccati alla coda del cavallo e farci portare dove vuole, senza poter guidare il suo galoppo, oppure possiamo salire sul cavallo, reggere saldamente le redini e dirigerlo dove vogliamo noi. Poi, come accade a chi cavalca, non sempre il cavallo risponde agli ordini, talora imbizzarrisce, talaltra si impunta, oppure incontra ostacoli insormontabili: esattamente come accade con la vita. Ma certamente non proviamo quel senso di impotenza nei confronti del corso delle cose di quando si è attaccati alla coda del cavallo e non in sella.

San Tommaso parla di *reditio completa* riferendosi a quella che chiamiamo autocoscienza, cioè la conoscenza completa di sé stessi e il ritorno dentro di noi di tutto ciò che pensiamo, facciamo, sentiamo. Questa è l'autocoscienza: la consapevolezza che al di qua di tutto ciò che ci proietta all'esterno di noi c'è il nostro io, che ci permette di non disperderci, di non provare la sensazione, che pesa su Margherita, di non riuscire più a trovare sé stessi nella propria intimità, nella propria anima, e di sentirsi smarriti, dispersi nelle cose: che i petali si siano staccati dalla corolla, che la vita abbia in mano le briglie e non noi.

Il fatto che Margherita provasse questo stato d'animo, però, significa che già sentiva in sé l'esigenza di una *reditio completa*, di un ritorno in sé, di vivere nell'autocoscienza che con il trascorrere del tempo, nell'affrontare situazioni, problemi ed evenienze, rimaneva comunque Margherita. Non voleva che il mondo esterno la risucchiasse, la sparpagliasse, e tener saldo il suo baricentro.

Succede anche nel conoscere quel che accade negli altri atti che la persona compie. Scrive la filosofa italiana Giorgia Salatiello: «L'attenzione deve essere quindi portata sull'atto intellettivo mediante il quale è conosciuto un oggetto e che è, in qualche modo, assimilabile ad un'uscita da sé (ricompare qui il tema dell'intenzionalità) che raggiunge la sua meta determinandone, appunto, la conoscenza». Come avviene con la conoscenza, così nelle altre nostre azioni usciamo da noi stessi per «fare» qualcosa, per «sentire qualcosa», per «amare» qualcuno. In questa uscita da noi stessi, tuttavia, l'atto «non si arresta all'oggetto, ma ritorna sul soggetto medesimo, rendendolo consapevole di essere colui che conosce [...] con un unico identico atto si acquisisce la conoscenza dell'oggetto e quella di sé come soggetto».

In quell'unico atto conosco, opero, amo; e so di conoscere, di operare, di amare. La coscienza e l'autocoscienza non sono due atti distinti, sono un atto solo nel quale faccio e insieme so di fare, penso e so di pensare, amo e so di amare. Questo è possibile perché io sono sempre e comunque più di quello che conosco, faccio, amo: sono di più perché la mia autocoscienza, il mio elemento spirituale, va oltre tutto quello che sono quando esco da me. Questo elemento spirituale è inesauribile perché non risente del trascorrere dei giorni, resiste al tempo, alle mie azioni, al mio conoscere. Esco da me per andare incontro al mondo, rientro in me e sono consapevole che il mio «io» non si è consumato in quel che ho fatto.

San Tommaso, nelle *Le questioni disputate. La verità* (*Quaestiones disputatae de veritate*), scrive: «In quanto infatti conosco qualcosa posto al di fuori di sé, in certo qual modo escono al di fuori di sé stesse [*le coscienze*]; In quanto invece conoscono di conoscere [*cioè sanno di conoscere, sono consapevoli di conoscere*] cominciano già a ritornare in sé stesse».

Margherita era autocosciente, ma non lo sapeva. Se lo avesse saputo forse non si sarebbe sentita smarrita, o talora addirittura consumata, da quello che faceva uscendo da sé stessa. Margherita era cosciente dei suoi petali ma non della sua corolla, del fatto che, prima dei petali – ossia le cose fuori di sé – c'era ancora la corolla, che era Margherita stessa, anzi, la margherita che le consentiva di agire rimanendo sé stessa.

Come abbiamo detto, è comune, nelle donne e negli

uomini, l'impressione di sentirsi spaesati nella vita, come portati a valle dalla corrente del fiume senza poter far nulla per indirizzare la discesa. Forse, tutti siamo un po' Margherita: proviamo, abbiamo provato o prima o poi proveremo certamente questa sensazione di smarrimento, nella nostra vita. Eppure, riprendendo ancora la filosofa Salatiello, l'unitarietà del soggetto, implicita nel concetto di autocoscienza, è sempre, in tutte le sue dimensioni, presente a sé stessi: quando si conosce, quando si desidera e anche quando si esercita la propria sensibilità, tutta l'esistenza umana è da vedersi come un continuo tornare a sé, anche quando il soggetto sembra allontanarsi da sé stesso per immergersi nelle cose e nei rapporti con gli altri.

Margherita non lo sapeva ma, un giorno della sua vita, si serebbe resa conto che aveva già tutto: petali e corolla. Bastava pensarli così, come san Tommaso.

Anche il filosofo francese Jean-Paul Sartre (1905-1980), esistenzialista, ha elaborato concetti e scritto pagine e opere in cui risuonano le inquietudini di Margherita.

«Se, per assurdo, entrassimo "in" una coscienza, saremmo presi da un turbine e gettati fuori, accanto all'albero, in piena polvere, perché una coscienza non ha un "di dentro". La coscienza non è se non il di fuori di sé stessa [...]. La coscienza è chiara come un grande vento, non ha nulla in sé tranne un movimento per sfuggirsi, uno scorrere fuori di sé.»

Questo scriveva Sartre in un saggio pubblicato nel 1939, a 34 anni, dal titolo *Un'idea fondamentale della fenomenologia di Husserl: l'intenzionalità*.

Come abbiamo già detto, per Husserl la coscienza è sempre coscienza di qualche cosa. Abbiamo sempre coscienza di un oggetto, di un essere umano, della natura, di un albero (come scrive Sartre); del resto quando pensiamo, pensiamo sempre qualcosa, non pensiamo il niente, il vuoto, ciò che non esiste, se non con l'immaginazione, come abbiamo detto, ma questo è un altro discorso.

Il vento di cui parla Sartre richiama la sensazione di Margherita di essere «buttata» fuori di sé dalle cose, dalle attività, dai pensieri, dagli incontri. Come se la coscienza – riprendendo ancora Sartre – non avesse un «di dentro» ma, in qualche modo, si «disperdesse» nel di fuori. Ecco dunque il sentimento di dispersione di Margherita, una sensazione confusa di mancanza dell'autocoscienza, del «collante» che poteva coagulare intorno e dentro di sé quello che era all'esterno.

Scrive ancora Sartre, nello stesso saggio giovanile: «Immaginate ora una serie di esplosioni che ci strappino a noi stessi, che non ci lascino neppure a un "noi stessi" il tempo di formarsi dietro di esse, ma che ci gettino invece al di là, nella polvere arida, respinti, abbandonati dalla nostra stessa natura in un mondo indifferente, ostile e restio».

Sartre definisce «posizionale» la coscienza perché è sempre coscienza di qualcosa che è fuori di noi, nel mondo, che è collocato spazialmente in riferimento ad altri oggetti: si ha coscienza di un libro riposto sul tale tavolo, accanto a una matita e sopra un altro libro, a una certa distanza dal letto: la coscienza è posizionale in quanto posizione di un oggetto «trascendente», posto al di fuori di noi. Per tutti gli esseri pensanti è esperienza abituale, quotidiana, posizionare ciò che è esterno a loro e che allo stesso tempo, in qualche misura, appartiene a loro che ne hanno coscienza. Vale per tutto ciò che è al di fuori di noi: persone, cose, eventi, accadimenti. Anche Margherita posizionava tutto ciò che le era esterno, e che però scaturiva comunque dalla sua coscienza. Ovviamente i parallelismi tra il pensiero di Sartre e Margherita non implicano che vi sia un'identità di vedute, ma una qualche forma di prossimità, di parentela.

L'uomo, per Sartre, si proietta fuori di sé, «esplode» verso l'esterno con un atto di coscienza, e la coscienza sta in questo, non è una scatola vuota dove entrano degli oggetti, è la coscienza stessa di qualcosa che forma la coscienza. Non c'è prima la coscienza e poi ci sono i suoi atti, la coscienza coincide con il momento in cui si è coscienti di qualcosa. Noi abbiamo sempre coscienza di qualcosa, la nostra coscienza non è mai vuota perché esiste in quanto si diviene coscienti di ciò che è fuori di sé e lo si «posiziona».

Se il pensiero di Sartre si fermasse qui, in un certo senso, avallerebbe il senso di dispersione provato dalla nostra Margherita. Anche lei, infatti, aveva sempre coscienza di ciò che faceva, ma poi non riusciva a ritrovare sé stessa. Quindi, le sembrava di smarrirsi fuori di sé, in quegli atti di coscienza. Faceva tutto, ma Margherita spariva da quello che faceva.

Ma il pensiero di Sartre non si ferma qui e ci fornisce un altro elemento utile a capire meglio la nostra Margherita. Nel pensiero di Sartre non c'è solo la coscienza di ciò che è al di fuori di noi, ma anche la coscienza di ciò che facciamo, del modo in cui agiamo, e quindi l'autocoscienza che siamo noi che lo stiamo facendo, che siamo i soggetti delle nostre azioni, come emerge in svariate pagine della sua opera fondamentale *L'essere e il nulla*. Margherita non le ha lette, ma confrontandosi con le sue amiche è giunta pian piano alla stessa conclusione, superando i suoi tormenti.

IV

IL BENE

La domanda

Che cos'è il bene?

In base a cosa stabiliamo che qualcosa è bene e qualcos'altro è male? Dove sta scritto? In qualche libro sacro o non sacro o, invece, è qualcosa che sentiamo in noi senza che nessuno ce lo debba insegnare?

Sentimenti come la gratificazione per una buona azione compiuta, o il rimorso per un'azione che riteniamo non buona, sono dentro di noi e dobbiamo solo scoprirli?

Quale delle due ipotesi è giusta? La prima, la seconda o magari tutte e due?

Agosto, i buchi delle stelle, la sua cameretta

Si chiamava Agosto, ma tutti lo chiamavano Agostino. Il soprannome risaliva a quando aveva circa un anno, e il diminutivo non derivava da una sua particolare fragilità, ma più semplicemente dal fatto che era l'unico bambino di Patacchi, frazione di un piccolo comune sull'Appennino Tosco-Emiliano, San Martino. Per molti anni, prima di lui, a Patacchi non era nato nessun bambino.

I genitori lo chiamarono Agosto per una serie di coincidenze a loro care. Erano nati entrambi il 15 agosto del 1948, il babbo a San Martino e la mamma poco distante, nella borgata detta – per la verità non con molto garbo – «de' citrulli» perché alcuni abitanti erano stati generati – come accadeva non di rado in montagna, soprattutto in luoghi isolati – da rapporti endogamici con tutte le conseguenze del caso. Tra i due luoghi ci volevano venti minuti a piedi. Quasi nulla per il tempo. Era tutto un andirivieni tra le borgate e il piccolo comune di San Martino, ogni occasione era buona. Il bar per gli uomini, il mercato per le donne, la messa per entrambi; e poi le varie feste paesane, le processioni. C'era anche un baretto con un pergolato esterno dove, dalla primavera inoltrata fino all'autunno, quasi ogni sera si ballava sotto la luce di lampadine qualunque appese al filo. A suonare erano i vari componenti della banda paesana.

Il 15 agosto del 1964, a 16 anni, i genitori di Agosto, durante un ballo serale, si dichiararono il loro amore e decisero di fidanzarsi. E così fecero, non prima, ovviamente, di avere parlato con i rispettivi genitori e aver ottenuto il relativo assenso. Si sposarono il 15 agosto del 1969, a 21 anni. Nel novembre dell'anno successivo nacque il loro primo e unico figlio, e a tutti e due sembrò che ce ne fosse abbastanza per chiamarlo Agosto. A Patacchi furono tutti contenti di questo nome perché conoscevano a perfezione la loro storia – c'erano 32 anime e tutti sapevano tutto di tutti –, e così anche a San Martino. Del resto, agosto era il mese delle feste, in cui ci si poteva godere un po' di meritato riposo. Il paesello si riempiva tutte le sere di anziani, donne, uomini e anche bambini che poi a un certo punto venivano riaccompagnati a casa dai nonni o dalle mamme.

Il padre di Agostino, Umberto, era un ferroviere. Gli aveva lasciato il posto suo padre, morto prematuramente, e lui si era fatto valere, tant'è che in poco tempo era diventato capo della piccola stazione di San Martino, che si trovava proprio nella borgata Patacchi. Una strada sterrata ma ben tenuta la congiungeva al centro di San Martino.

La stazione stava sopra una specie di cucuzzolo, una collinetta, completamente circondata da prati, alcuni coltivati e altri usati per il pascolo. La notte c'era un buio profondo, interrotto solo dalle lucine della stazione e dell'abitazione annessa in cui viveva la famiglia del capostazione. Nei giorni di luna piena e senza nubi tutto il circondario si illuminava a giorno. Nelle notti stellate sembrava di arrivare ad acchiappare gli astri con le mani.

Poteva essere il luogo ideale per un osservatorio astronomico. Non fu mai realizzato, eppure successe qualcosa che lo richiamava.

A Patacchi abitavano contadini, qualche artigiano e tre operai che lavoravano a valle, a una mezz'oretta d'autobus da San Martino. Le prime fabbriche avevano riaperto i battenti dopo la guerra, o perché non erano state rase al suolo o perché erano state ricostruite *ex novo*. Agosto crebbe in questa piccola frazione e raggiunta l'età scolare cominciò a frequentare le elementari a San Martino. Nei giorni belli il piccolo Agostino ci andava a piedi, come tutti gli altri bambini delle borgate fuori dal paese (pericoli non ce n'erano), nei giorni di pioggia lo accompagnava un cugino del babbo, un contadino di nome Alfonso, con il trattore. Su quel trattore Agosto si divertiva da matti, al punto da sperare che piovesse più spesso. Anche perché Alfonso per tutto il tragitto non smetteva mai di parlare, raccontava storie di ogni tipo e, quando non riusciva a finirle perché erano arrivati a destinazione, proseguiva nel viaggio di ritorno, sempre che non avesse smesso di piovere. Altrimenti tutto era rimandato al viaggio successivo, e non c'era problema perché Agosto rammentava sempre con precisione a che punto era il racconto. «Ricordami la storia e dov'eravamo rimasti», diceva Alfonso, lui rispondeva immediatamente e la storia continuava.

Erano tutte storie di vita vissuta direttamente da Alfonso o, in alcuni casi, da altri paesani che gliele avevano raccontate: lui le trasmetteva al piccolo Agostino che se ne era dimostrato molto affascianto.

Oltre alle storie, c'erano proverbi e modi di dire provenienti dalla cultura e dalla saggezza contadina, propria di gente abituata al contatto con la terra non solo con i piedi, ma anche con la testa, nel senso che guardavano alle cose così come sono, senza gingilli per il capo. Proprio come dice il proverbio «Contadino, scarpe grosse, cervello fino». Questa saggezza si nutriva del contatto continuo e prolungato con la natura, con la sua bellezza e la sua maestà, con l'evolversi delle stagioni e i cambiamenti che portano con sé, oltre che delle lunghe serate passate davanti al caminetto a tramandare storie e a raccontare aneddoti, sempre cercando una morale nelle vicende della vita propria e altrui, o magari ricavandone un proverbio. «Scarpe grosse» perché lo richiedeva il contatto con la terra, e «cervello fino» perché lo sguardo della loro anima sapeva cogliere l'essenziale della vita.

Agostino cresceva in questo ambiente, ed essendo particolarmente sveglio e arguto per la sua tenera età era attratto da queste storie che sentiva soprattutto da Alfonso. Chiedeva, chiedeva in continuazione quale fosse il loro significato, che insegnamento dovesse trarne, assorbendo tutto come una spugna. Una lo aveva colpito in modo particolare: ne avrebbe fatto tesoro per tutta la vita, anche se allora non lo sapeva.

La storia riguardava un ragazzino di sedici anni che, conseguita non senza sforzo la licenza media, aveva subito cominciato a fare il contadino come il suo babbo. Un giorno padre e figlio stavano mettendo il fieno appena raccolto nel fienile, che era al primo piano della stessa capanna in cui allevavano le mucche da latte. Dal barroccio il babbo inforcava il fieno e lo buttava fino alla bocca della capanna dove Lorenzo – così si chiamava il ragazzino – lo prendeva per ammucchiarlo all'interno. A un certo punto Lorenzo perse l'equilibrio e cadde dalla capanna, andando a sbattere contro il ferro di una ruota del barroccio e poi per terra, su un pavimento dove era appoggiata un forcone. I denti del forcone gli si conficcarono nella coscia: in questi casi c'è il rischio di morire se viene perforata l'arteria femorale. Lorenzo, incastrato tra il barroccio e il muro della capanna, non riusciva a muoversi. Urlava in modo disperato per il dolore. I vicini sentirono e accorsero subito fuori. «Oddio!» disse il padre disperato. «E ora che si fa?» Decisero in fretta e furia di portarlo all'ospedale, ma come? Con che mezzo? Non sapevano come fare e, inconsapevoli che muoverlo e spostarlo avrebbe potuto aggravare la situazione, lo caricarono steso sui sedili posteriori di una Seicento di proprietà del prevosto del paese. Raggiunsero così un luogo in cui era presente un'ambulanza che lo trasportò a valle nel primo ospedale disponibile. Nel frattempo, però, erano passate più di due ore. Per la verità l'ospedale non era granché attrezzato, e non era dei migliori neanche il medico che lo operò. Diciamo meglio: che lo rabberciò. Si era fratturato un braccio, tre costole, il bacino e una gamba in due punti, da uno dei quali usciva l'osso, per non parlare delle lacerazioni muscolari e delle varie e profonde escoriazioni e ferite. Insomma, era conciato male e soffriva molto. La degenza in ospedale fu lunga e faticosa con tutte quelle ingessature; in più doveva stare immobile a causa della frattura del bacino e di un ginocchio malconcio. Alla fine del ricovero, durato più di un mese e mezzo, i medici parlando con il babbo e la mamma non furono particolarmente delicati: «Sarebbe un miracolo se riuscisse a camminare di nuovo senza dover stare su una carrozzella».

Un'autoambulanza riportò a casa il ragazzino, che fu messo a letto, dove avrebbe dovuto stare praticamente immobile. Dopo un po' di tempo i medici gli consentirono di sedersi, ma di camminare non se ne parlava, neanche dopo che gli furono tolte le ingessature. Se provava a fare qualche passo, le gambe non gli reggevano e il dolore, soprattutto al ginocchio, diventava insopportabile quando tentava di piegare la gamba anche solo per pochissimo.

I genitori erano sempre più disperati, finché un giorno la mamma pensò di rivolgersi a una sua amica, emigrata a Torino perché il marito era stato assunto alla Fiat. Lei lavorava presso la famiglia di un medico importante di Torino. Le scrisse descrivendole la situazione e inviando i referti per sapere se ci fosse qualcosa da fare. La risposta non si fece attendere, e fu molto incoraggiante. O meglio, qualcosa da fare c'era, ma non si sapeva a chi farla fare: nella lettera l'amica le diceva cosa le aveva detto di fare il medico, molto dettagliatamente. Si trattava di quella che oggi si direbbe fisioterapia. Ma con chi poteva farla Lorenzo? Certo era escluso il fare avanti e indietro dall'ospedale locale, e poi là i medici erano stati chiari: «Quello che potevamo fare l'abbiamo fatto». Punto.

Pensa che ti ripensa, alla mamma venne in mente che, in un paese vicino, abitava una signora, ormai sulla settantina, che durante la guerra aveva lavorato come ausiliaria della Croce Rossa in un ospedale da campo militare. Si conoscevano bene per via di alcuni legami familiari, e questa signora, Assunta, conosceva bene anche il piccolo Lorenzo. Passava le sue vacanze a Patacchi alla ricerca di un po' di fresco e, non avendo figli né marito, si era affezionata a quel bambino, così come a quei pochi che si vedevano a San Martino e dintorni. La mamma di Lorenzo decise di andarla a trovare, e Assunta non la fece neanche finire di parlare. «Ci penso io» disse decisa: «mi sono occupata anche di situazioni peggiori, ti puoi immaginare. Se il medico ti ha mandato delle istruzioni precise ce la faremo senz'altro».

Pochi giorni dopo, un autobus la portò fino a San Martino, e poi in venti minuti fu a casa di Lorenzo. Si era studiata bene le istruzioni del medico e avendo molta dimestichezza con la materia non le fu difficile capire cosa avrebbe dovuto fare.

Trovò Lorenzo in uno stato che la preoccupò molto. Era scoraggiato perché si era fatto l'idea che il resto della sua vita l'avrebbe passato in carrozzella, se non a letto. Non avrebbe più potuto fare quello che gli piaceva da morire: il contadino, come il suo babbo.

I punti più critici risultarono subito il ginocchio e il braccio: non riusciva proprio a piegarli, neanche un pochino; in più la lunga convalescenza a letto o in poltrona aveva finito per indebolirgli i muscoli delle gambe, al punto che non riusciva a muoverle neanche disteso sul letto.

Assunta, tornando a casa con l'autobus del pomeriggio, seppur cosciente delle difficoltà che avrebbe dovuto affrontare, pensò che si trattasse di una questione di amore: ce ne avrebbe dovuto mettere parecchio per sperare di scaldare il cuore di Lorenzo, prima ancora di occuparsi di gambe e braccia. Se il medico di Torino, un luminare, aveva scritto che era possibile recuperare, era solo una questione di impegno, di tempo, di dedizione, di amore per Lorenzo e per la causa della sua guarigione. Quel ragazzo poteva guarire, e quindi *doveva* guarire. Un dovere a cui non si poteva obiettare: era fuori discussione, lo si doveva accettare e compiere. "Del resto" disse fra sé e sé "mi chiamo Assunta e un motivo ci sarà: nel mio nome c'è scritto quello che devo fare, *assumere* questo compito e portarlo fino a dove il Signore vorrà".

I primi due mesi furono un calvario. Assunta andava da Lorenzo, come prescritto dal medico torinese, quattro volte ogni settimana. Erano passate 9 settimane e 32 sedute, ma Lorenzo era sempre più abulico, non partecipava, al primo dolore si scoraggiava. Eppure in Assunta si andava rafforzando sempre più la convinzione che Lorenzo ce l'avrebbe potuta fare.

Arrivò un giorno di aprile, una giornata bellissima, e Lorenzo fu portato sull'aia davanti a casa, finalmente all'aperto. Fu uno di quei giorni nei quali, senza nessuna aspettativa e nessun sentore, ci si trova davanti a qualcosa che si è voluto, desiderato fortemente, per il quale abbiamo profuso tutte le nostre energie, eppure, nonostante tutto questo, ci appare come caduto dal cielo, come un miracolo. Il sorriso tornò a dipingersi sul volto di Lorenzo, quel giorno di primavera. Là fuori, quel giorno, cambiò all'improvviso, come un temporale d'estate.

Appena rimase solo con Assunta, cominciò a parlare come un fiume in piena, come non aveva fatto mai, neanche prima di conoscerla. «Stanotte, cara Assuntina» – la chiamava così, e lei chiamava lui «il mio Lorenzino» – «ho dormito poco e ho pensato tanto. Stamattina ho chiesto a babbo e mamma di portarmi sull'aia perché volevo farmi trovare qui da te, e non a letto o in poltrona come al solito. Stanotte mi sono svegliato non solo dal sonno, ma anche da quel senso di svogliatezza e mancanza di volontà in cui mi hai dovuto sopportare...» Lo interruppe Assunta: «Non lo dire neanche, Lorenzino mio adorato...» «Aspetta, Assuntina, devo dirti una cosa per me molto importante. Ti dicevo per l'appunto che stanotte ho sentito dentro di me come un altro Lorenzo, che mi diceva di svegliarmi – non so bene come dire – da questa sonnolenza, dal torpore, da questa rassegnazione, soprattutto pensando a tutto l'amore che tu hai messo per aiutarmi a tornare a rialzarmi, a camminare. Non che durante questi due mesi non me ne fossi reso conto, ma stanotte la consapevolezza mi ha investito come una grande ondata, mi ha fatto tremare, mi ha fatto piangere, mi ha fatto sorridere, mi ha scaldato il cuore che, da quel momento in poi, è andato per conto suo, dove voleva lui. Sembrava che mi scoppiasse nel petto.»

Parlava a stento per la commozione e con le lacrime che gli solcavano il viso; e così Assunta, la sua Assuntina. Alla fine, l'amore dolce, autentico, tenero, ma nello stesso tempo travolgente e fermo nei suoi propositi, aveva abbattuto tanti muri dentro il cuore e la mente di Lorenzo. Aveva spazzato via ciò che lo teneva imbrigliato nel suo comprensibile, cupo e crescente pessimismo. Insomma, da quel giorno Lorenzo avrebbe messo nella riabilitazione lo stesso impegno di Assunta. Aveva cominciato a crederci anche lui. L'amore di Assunta, alla fine, aveva vinto. Lo stato psicologico che aveva caratterizzato quei due mesi di Lorenzo era ormai un cumulo di cenere, era tutto alle spalle.

«Assunta» riprese a parlare Lorenzo abbracciandola «ho sentito che, oltre al tuo amore per me ce ne dovevo mettere un po' anch'io, per me e per dartene almeno un po' indietro. Si può essere egoisti anche quando si sta male e questo egoismo ci fa stare peggio. Ho pensato che per volere bene a te devo volerne, prima, anche a me, almeno un po'.»

«Non un po' Lorenzo» riprese Assunta, «tanto, ma tanto sul serio e non per me ma per le tue gambe e il tuo braccio: se lo meritano. Che t'hanno fatto di male perché tu le tratti così?» Risero entrambi di cuore. I genitori, che avevano ascoltato tutto da dietro l'uscio, piangevano di gioia, uscirono fuori e bastò guardarsi, non occorse dire nulla. La pagina era stata voltata.

Due mesi dopo Lorenzo era di nuovo in piedi. Cominciò a fare i primi passi, all'inizio sorretto dal babbo, dato che Assunta non se la sentiva, e poi, dopo un mesetto o poco più, da solo, finalmente. Aveva ragione il medico torinese, ma senza l'amore di Assunta non sarebbe successo nulla.

Agostino rimase senza parole la prima volta che ascoltò la storia. Ma non c'era bisogno che dicesse nulla, ci pensò Alfonso. Quando il bimbo scese dal trattore per andare a casa Alfonso lo chiamò: «Agosto, hai 'nteso che miracoli pole fa' una persona buona col cuore d'oro come Assunta? 'Un te lo scordà mai. Dà retta a un povero vecchio».

Agosto era sempre stato attratto dalla Luna, e soprattutto dalle stelle. Abitando nella casa del capostazione, nelle notti terse, con il permesso dei genitori, non mancava mai di uscire di casa per fare qualche passo nella stradina che portava al prato sul retro e perdersi a guardare il cielo, finché i genitori, regolarmente, non lo chiamavano perché andasse a dormire.

Nella sua mente il bambino si era immaginato che le stelle fossero dei buchi attraverso i quali, anche di notte, passava la luce del Sole. Immaginava infatti che la Terra di notte fosse coperta da una specie di enorme manto nero che col passare degli anni si era bucherellato qua e là, e così fossero nate le stelle. Non sapeva che le stelle godono di luce propria, ma lo avrebbe scoperto presto, e non grazie alla scuola ma grazie a un contadino della borgata di nome Martino, in paese soprannominato Galileo come anche suo padre. Di genitore in figlio si erano tramandati la conoscenza delle stelle, ne conoscevano i nomi, sapevano come individuare la singola stella o la costellazione, addirittura sapevano indicare l'ora della notte in base ai calcoli fatti osservando il cielo. Non c'era paesano che non si fosse rivolto a loro per individuare la Stella Polare, ma molti altri non si erano fermati a quella, volevano saperne di più ed erano affascinati dalla sicurezza e dall'entusiasmo con cui di volta in volta indicavano gli astri senza batter ciglio. Era un vanto del paese e tanto più per la borgata Patacchi che poteva vantare uno «scienziato» tra i suoi pochi abitanti. Potete immaginare senza difficoltà lo stretto rapporto che si venne a creare tra Martino e Agosto.

Agosto svelò a Martino la sua idea segreta sulle stelle, che non aveva mai detto a nessuno: la «teoria dei buchi». Martino lo lascio parlare, non rivelando subito come stessero veramente le cose. Gli dispiaceva imbrigliare la fantasia di un bambino. In fondo anche lui da piccolo ricordava di aver elaborato le sue teorie stravaganti sulle stelle, nonostante le spiegazioni del babbo e anche del nonno.

Una domenica, dopo la messa, Agostino si fece coraggio e sul sagrato si avvicinò a Martino: «Me le insegni i nomi delle stelle? Sai, le guardo quasi tutte le sere, dopo che il Sole è tramontato, e se una sera non lo faccio – perché magari piove, nevica o sono malato – vado a letto lo stesso ma sono meno contento. Allora me le immagino guardando il soffitto, dove magari c'è un po' di luce, e le "vedo" così. Me le insegni?» «Oh Agostino, ma voi che 'un lo sappia che le miri e le rimiri tutte le sere. Lo sa tutta Patacchi e San Martino. Diamine che te lo 'nsegno. Stasera fatti trova' verso le nove davanti casa. È una bella giornata, si dovrebbero vedé tutte e anche la Via Lattea». «Che cos'è?» chiese Agostino. «Te lo 'nsegno stasera, ora 'un si pole, la devi vede' senno 'un poi capì.» «Va bene» disse Agostino che moriva dalla voglia di saperlo.

Era il nove del mese che portava il suo nome, e fin dalle otto e mezzo di sera Agosto era fermo davanti casa, sotto la pergola, ad aspettare Galileo che, anche senza cannocchiale né calcoli matematici, gli avrebbe insegnato i nomi delle stelle.

Martino/Galileo arrivò puntuale, salutò i genitori e si incamminò con il bambino nel pratone dietro casa.

Era una sera di Luna calante, se ne vedeva uno spicchio non troppo piccolo. «La Luna la conosci, no?» chiese. «Sì almeno quella la conosco» rispose Agostino sbellicandosi insieme a Martino che aveva già cominciato a ridere mentre gli faceva la domanda. «Allora stasera si comincia dal Grande Carro e dalla Stella Polare, che è importantissima perché è il punto di riferimento per sapere dov'è il nord. Lo vedi quell'affare lassù che sembra il mestolo che la tu' mamma ci gira la polenta? Girati di qua e guarda il mio dito.» «Ma di quante stelle è fatto?» «Di sette, quattro sarebbero la parte che mescola e quell'altre tre il manico. Tutte insieme formano il Piccolo Carro, se vieni in giù dalla Polare vedrai anche il mestolo che t'ho detto.» «Lo vedo!» urlò con tutta la forza che aveva il piccolo Agostino, che cominciò a saltare dalla contentezza. Continuava a gridare: «Lo vedo, lo vedo, Martino! È bellissimo e la Stella Polare è il buco più grande che c'è!»

«Ora fermati e 'un t'agita' sennò ti prende un colpo e mi ci rimani» disse Martino sorridendo. «Ti insegno un metodo sicuro per trova' in un minuto la Stella Polare. Lo chiamano Carro perché se ci pensi sembra un po' il baroccio del tu' babbo ma con un asse solo, a sinistra, e fatto di tre stelle. Te guarda le due stelle di quella specie di rettangolo, hai 'nteso?» «Sì, le vedo bene.» «Ecco, ora piglia la misura con un dito e vai in su cinque volte nella direzione delle due stelle, e trovi la Stella Polare. La vedi?» «La vedo eccome» rispose Agostino agitato come non mai.

«Comunque t'ho preparato un bastoncino» lo tirò fuori dalla tasca, «E che ci faccio?» chiese ansioso Agosto. «Dammi il tempo di spiegattelo, perdinci.» «Mettelo sopra alle due stelle in fondo al mestolo bello preciso che le copra tutte e due, lo stecco deve partì dalla stella più bassa e vedrai che l'altra parte dallo stecco ti porta alla Stella Polare.» Martino aveva preparato lo stecco tanto tempo prima, glielo aveva insegnato il suo babbo come un metodo infallibile. Lo mise in mano ad Agostino, che chiuse un occhio per mirare meglio. «La vedo perdinci, come dici te, Martino!»

«Ora mettiti bene in faccia alla Stella Polare: lì c'è il nord, dietro le spalle ci hai il sud, a sinistra l'ovest e a destra l'est, hai 'nteso? Te lo regalo, tienne di conto e poi quando 'un ci sarò più ti ricorderai di me e dello stecchetto di Martino.»

Fu la prima delle innumerevoli sere che Martino e Agosto passarono insieme a guardare le stelle. Agosto voleva saperne sempre di più, le sue domande si moltiplicavano, la curiosità sembrava non aver mai fine. E Martino, per quanto poteva, rispondeva puntualmente e con tanta passione, contagiato dal piccolo amico. Quante saranno? A che distanza sono? Quanto ci metterebbe un uomo a raggiungerle? Perché stanno ferme mentre la Terra e la Luna girano? E gli chiedeva delle galassie, della Via Lattea, e poi ancora e ancora.

Alla fine a Martino toccò spiegare che non erano buchi di un immenso manto che copriva la terra, ma che le stelle rilucevano di luce propria. La scoperta non turbò né attenuò la meraviglia di Agosto, anzi, semmai la attizzò ancora di più. E poi era talmente grande la fiducia e la riconoscenza verso il suo Galileo che ogni cosa imparata da lui lo entusiasmava. Naturalmente, la nuova scoperta innescò un'altra serie infinita di domande.

Agosto frequentava il catechismo nella parrocchia di San Martino. L'anziano prevosto faceva direttamente lui le lezioni, usando il catechismo di Pio X, fatto di domande e risposte da imparare a memoria. Agosto rimase particolarmente colpito da due di esse. «Chi è Dio? Dio è l'Essere Perfettissimo, Signore del cielo e della terra.» Il prevosto spiegò che tutto ciò che vediamo, sentiamo, tocchiamo, annusiamo e gustiamo non sarebbe esistito senza la creazione da parte di Dio. Naturalmente Agosto rimase colpito dalla creazione del cielo, e non lo stupì sentir dire che Dio era perfettissimo perché, sia seguendo le proprie sensazioni, che non riusciva a esprimere, sia grazie alle parole di Martino, aveva maturato la convinzione, sempre al modo di un bambino, che il cielo e le stelle, i pianeti, le galassie, il Sole e la Luna fossero tutte parti di un meccanismo perfetto. Martino gli diceva spesso: «Vedi Agostino, funziona tutto come un orologio svizzero». «Perché svizzero?» domandò Agosto la prima volta. «Perché là in Svizzera ci fanno i meglio orologi, sono sempre precisi, 'un son mai avanti né indietro. E per le stelle è lo stesso.»

Né Martino, né tantomeno Agostino, ovviamente, sapevano che tra il Seicento e il Settecento, filosofi della portata del francese Cartesio (René Descartes) e dell'inglese Robert Boyle avevano usato l'analogia dell'orologiaio proprio per sostenere l'esistenza di Dio e di un meccanismo straordinariamente perfetto nella struttura dell'universo che da lui discendeva. Martino ci era arrivato da solo e lo aveva trasmesso ad Agostino che un giorno in classe, quando era ormai alle medie, durante l'ora di scienze in cui si faceva qualche cenno di astronomia, sfoggiò la metafora che gli aveva insegnato Martino, riscuotendo un certo successo. Due sere dopo lo raccontò al suo Galileo, il quale ne fu talmente orgoglioso che se fosse stato un pavone avrebbe fatto la ruota.

Agosto era un ragazzino che poteva sembrare un po'

disattento e anche svagato. Era così fin da piccolo, ma in realtà era attentissimo a tutto, ed era quasi sempre nel suo mondo di pensieri. Succedeva anche nella sua cameretta quando, rimasto solo per fare la nanna dopo che la mamma gli aveva rimboccato per bene le coperte, spegneva la luce e si rannicchiava come per concentrarsi meglio, e pensava. Le stelle erano il suo argomento preferito, in special modo quando aveva passato la serata con il suo Galileo. Ripensava allo spettacolo che aveva visto, alle spiegazioni di Martino, e sentiva calore nel cuore e in tutto il corpo. Dentro di sé era tanto grato a Martino, ma anche alle stelle che ora conosceva per nome. Così, prima di prendere sonno arrivava a immaginare di poterci parlare, dato che ormai le chiamava per nome.

Una sera disse a Martino: «Certo, Martino, che tante cose per capirle bisogna diventare grandi, ma le stelle le capisce anche uno piccino come me». Martino non si aspettava un discorso così profondo e spontaneo da un ragazzino così giovane e rimase senza parole. Seppe soltanto dire: «È proprio così». Ma in cuor suo era felice perché per la prima volta nella sua vita, al di là di qualche curiosità dei paesani, aveva trovato qualcuno a cui trasmettere – lui, povero contadino – qualcosa di importante.

Il babbo e la mamma erano persone semplici e buone, e Agosto aveva ereditato questa naturale bontà. Quando nella sua cameretta pensava alle stelle, senza sapere perché, si sentiva più buono o, meglio, si sentiva spinto a essere più buono. Era un'emozione, un sentimento, un impulso che, tuttavia, aveva in sé una dose di consapevolezza: ne era convinto, insomma, tant'è che ci pensava spesso anche durante il giorno, a volte mentre faceva i compiti.

Finché arrivò l'illuminazione. Una sera a cena, mentre mangiavano, in un momento di silenzio se ne uscì con una affermazione che lasciò letteralmente di stucco i genitori: «Ho capito» disse con la massima serietà e convinzione «perché bisogna essere buoni!» «Sentiamo...» disse il babbo. Per la verità non era la prima volta che i genitori ascoltavano i ragionamenti di Agosto, soprattutto durante la cena.

«Vi ricordate la storia che mi ha raccontato sul trattore Alfonso, quella di Assunta e del povero Lorenzo?»

«Diamine, l'abbiamo sempre saputa, ci è stato male tutto il paese. Si pregava tutti per Lorenzo e anche per Assunta ché non si perdesse d'animo perché si sapeva tutti che se una speranza c'era per Lorenzo di rivedello in piedi era proprio Assunta buonanima.»

«Ecco, è successo lo stesso. Lorenzo – me lo avete detto voi – dopo aver conosciuto l'amore di Assunta, è tornato a camminare ma è diventato anche più buono, ha smesso di far disperare il suo babbo e la sua mamma e di fare lo scapestrato. È come quando si prende l'influenza a scuola perché ce la passa un compagno a ricreazione. A me il cielo e le stelle hanno fatto lo stesso effetto che Assunta ha fatto a Lorenzo. Ora lo so perché bisogna essere buoni, non si può essere cattivi dopo che si son guardate le stelle. Son troppo belle per esse' cattivi. La sera, prima di addormentarmi mi sembra che le stelle mi entrino nel cuore e dormano con me e stiano con me fino alla sera dopo. Sono come una vocina che sento sempre dentro e che mi dice di ricordarmi della loro bellezza e di non essere cattivo. Ho come paura che se non fossi buono sparirebbero e quando faccio qualcosa che non devo fare ho sempre paura che poi la sera non le trovi più, lassù in cielo.»

Non parlò di quello che aveva imparato al catechismo su Dio che aveva creato la terra e il cielo, perché quella era stata una conferma, ma i sentimenti che provava li doveva alle interminabili ore passate a guardare il cielo, alle spiegazioni del suo Galileo e ai pensieri e alle emozioni provati nella sua cameretta, la sera prima di prendere sonno. Insomma, ci era arrivato da solo.

I genitori, quella sera, capirono che Dio aveva fatto loro la grazia di mettere al mondo una creatura con la mente e il cuore sensibili in modo non comune. In fondo era un ragazzo di terza media: quei pensieri erano profondi, aveva collegato tra loro il racconto sul trattore e le stelle e ne stava facendo tesoro per la sua vita che si avviava all'adolescenza.

La sera dopo aveva appuntamento con Martino. Ormai parlavano di tutto, non solo di stelle. Agosto gli disse, pari pari, quello che aveva detto la sera prima ai genitori. Martino lo ascoltò e alla fine si mise a piangere. Abbracciò forte Agostino e gli disse: «Oh, Agostino, ma così mi fai scoppia' il cuore. Ma che testa hai, io 'un ce n'ho neanco un millesimo della tua». «Guarda, Martino» riprese Agosto, «che senza di te 'un l'avrei mai capito, 'un ci sarei mai arrivato.» Martino stette un po' zitto e poi disse: «Andiamo a letto, fammi un piace', sennò stasera ci lascio le penne dall'emozione».

Agosto, detto Agostino, non poteva sapere che Kant...

Agosto non poteva sapere che più di due secoli prima, a Königsberg nella Prussia orientale, oggi la città russa Kaliningrad, il 22 aprile 1724 era nato Emmanuel Kant, il quale, da adulto, decise di cambiare il nome in Immanuel, forse perché più vicino all'originale ebraico che significa «Dio con noi». Prima però la mamma lo chiamava *manel-*

chen, «ometto» (un po' come capitò ad Agosto chiamato Agostino), perché era basso di statura, intorno al metro e cinquanta. Quell'ometto nato a Köninsberg sarebbe diventato uno dei più importanti filosofi di tutti i tempi. Un filosofo del Novecento, Karl Jaspers, che incontreremo più avanti, affermava che Kant, con Platone e Agostino, era forse il più importante filosofo di tutta la storia.

Anche Kant, come Agosto, nacque in una famiglia di umile condizione. Il padre Johann Georg Kant era un fabbricante di finimenti, un sellaio, la mamma Anna Regina Reuser, a sua volta, era figlia di un sellaio. Allora il cavallo era il primo mezzo di locomozione e poiché nella sua città fervevano i commerci c'era sempre bisogno di selle. Secondo la testimonianza di un suo contemporaneo, un certo Jachmann, Kant raccontava che «Il padre desiderava un figlio laborioso e pienamente leale, la madre voleva anche un figlio pio... il padre esigeva laboriosità e onestà, soprattutto orrore della menzogna, la madre santità». Del resto, il padre apparteneva a una congregazione di artigiani i cui affiliati dovevano tenere un comportamento da uomini «rispettabili», specchiati. L'onore doveva essere il loro tratto caratteristico non solo nel commercio ma anche nella vita quotidiana, in tutti i suoi aspetti. La madre era profondamente religiosa e seguiva la corrente dei pietisti, che valorizzavano molto, distinguendosi in questo dai luterani istituzionali, la vita interiore devota. Da qui le diverse aspettative dei genitori del piccolo Kant. La madre morì quando Emmanuel aveva solo tredici anni e il padre quando ne aveva ventidue.

«Kant fu un uomo profondamente onesto, ligio al proprio dovere, sincero. Nato povero» scrive Sofia Vanni Rovighi, «giunto a cinquant'anni senza uno stipendio fisso, non fece mai debiti né piegò mai la sua dignità per strisciare davanti ai potenti; non cercò altro mezzo per vivere se non quello di un faticoso, assiduo lavoro.» Come nel caso di Kant, anche per Agostino aveva contato l'educazione dei genitori, che gli era stata trasmessa più con i comportamenti che dalle parole: era gente semplice e naturalmente buona, cosa non scontata neanche nella piccola borgata di Patacchi; era stato fortunato.

Il nostro Agostino non sapeva che Kant, a conclusione di una delle sue tre opere più importanti, la *Critica della ragion pratica*, che parla di morale, aveva scritto alcune delle parole più note dell'intera storia della filosofia, e che avevano molto a che fare con lui, figlioletto del capostazione di Patacchi.

«Due cose» scriveva Kant «riempiono l'animo di ammirazione e venerazione sempre nuova e crescente, quanto più spesso e più a lungo la riflessione si occupa di esse: il cielo stellato sopra di me, e la legge morale in me... Il primo spettacolo di una quantità innumerevole di mondi annulla affatto la mia importanza di creatura animale che deve restituire al pianeta (un semplice punto dell'Universo) la materia della quale si formò, dopo essere stata provvista (e non si sa come) della forza vitale. Il secondo, invece, eleva infinitamente il mio valore come [valore] di una intelligenza, mediante la mia personalità in cui la legge morale mi manifesta una vita indipendente dall'animalità e anche dall'intero mondo sensibile...»

«Il cielo stellato sopra di me... e la legge morale in me»: è evidente il parallelo con l'esperienza del nostro piccolo Agosto. Il cielo stellato e la sua cameretta in cui la sera prima di dormire ripensava agli astri che lo facevano sentire in qualche misura trasportato alla bontà nel suo cuore, grazie a un legame di cui non conosceva le ragioni, ma che intuiva, percepiva in maniera netta.

Merita ricordare che Kant dai suoi genitori di origine modesta non aveva ricevuto soltanto un forte esempio di moralità: la mamma gli faceva osservare la bellezza della natura, e attraverso questa bellezza lo richiamava all'adorazione di Dio, il Creatore. Come hanno notato diversi storici della filosofia, ha queste radici il sentimento suscitato in Kant dal cielo stellato e dalla legge morale, e descritto in conclusione alla *Critica della ragion pratica*.

Lo stesso accadeva ad Agosto nel pratone dietro casa, grazie al contadino Galileo, e nella sua cameretta. Nel suo cuore era un viavai continuo tra il cielo stellato che vi entrava e il cuore stesso che andava verso le stelle, e tutto questo stimolava la sua mente e la sua volontà a comportarsi bene. Era un susseguirsi e intrecciarsi di emozioni, di sensazioni, di piccole convinzioni che si legavano senza che Agosto desse loro una consequenzialità logica: si fermavano sulla soglia della filosofia in senso proprio ma alla filosofia si accostavano.

Perché «il cielo stellato sopra di me» e «la legge morale in me» riempiono l'animo di Kant di ammirazione e venerazione sempre nuova e crescente? Apparentemente sembrerebbe un nesso suggestivo ma un po' avventato e audace, tra due mondi opposti: l'esterno più lontano e l'interno più intimo della persona. La natura infinita formata da innumerevoli mondi rispetto ai quali siamo piccole e deboli creature, e la legge morale che dentro di noi è dotata di potenzialità praticamente infinite.

Perché lo spettacolo del cielo stellato sopra di me annulla la mia importanza di creatura animale? Perché il cielo stellato è incommensurabilmente piccolo, insignificante, se paragonato al cielo infinito e ad altri mondi infiniti.

Perché la legge morale in me eleva infinitamente il mio valore? Perché capisco che la mia intelligenza delle cose, la mia personalità, vivono di una vita indipendente dal me «animale» e anche dall'intero mondo sensibile: mi elevo sopra di loro in una vita che si estende all'infinito.

Il dovere. Questo concetto per Kant – e per Agosto, a suo modo – è il fondamento su cui è costruito ogni pensiero morale, cioè quel tipo di pensiero che ci aiuta a scegliere il bene ed evitare il male. Pur essendo insignificante rispetto all'infinità di mondi a cui il cielo stellato mi rimanda, e pur essendo una piccolissima e debole creatura, ammiro questo infinito esterno a me e scopro al mio interno il dovere. La legge morale del dovere mi apre a potenzialità infinite: piccolo, debole e fragile, sì, eppure infinitamente aperto nel mio intimo al bene, al dovere, alla morale. Come in Agostino.

Dentro di noi esiste una concezione del dovere che non è legata al conseguimento di qualche utilità personale. È secondo Kant un dovere che si impone alla nostra coscienza come assoluto. L'uomo è, allo stesso tempo, un ente fisico e un soggetto morale, capace cioè di compiere azioni buone (o cattive), poiché è libero di farlo: lo può fare grazie alla volontà che lo fa decidere in un senso o nell'altro. Vive in due mondi: quello terreno e quello sovrasensibile, interno, intimo, del cuore, e in questo secondo ambito fa le sue scelte seguendo un dovere che gli si presenta come assoluto: «Devi farlo».

Ciò che per Kant è una teoria, nel piccolo Agosto avveniva in modo spontaneo: sentiva nel suo cuore un comando cui era naturale rispondere per fare il bene. Lo sentiva dentro di sé senza spiegazioni, e non poteva sapere che quel dovere era, secondo Kant, iscritto nel suo cuore come un principio comune a tutti, universale (dal latino *universalis* derivato dal nome *universus*: «che riguarda tutto l'universo o che riguarda tutti, che interessa tutta l'umanità».

Anche la storia di Lorenzo e Assunta, sia pure in modo diverso, confermava questa idea. Nel racconto di Alfonso, Assunta era dotata di un convinto, appassionato, concreto e compassionevole senso del dovere che l'aveva spinta ad aiutare Lorenzo senza alcunché di concreto da ottenere in cambio. Era stata lei stessa a dire: «Del resto mi chiamo Assunta e un motivo ci sarà: nel mio nome c'è scritto quello che devo fare, *assumere* questo compito». Non faceva cenno al perché doveva «assumere questo compito», nessuno glielo imponeva, nulla si aspettava se non di agire secondo quello che considerava un dovere assoluto. Era per lei quello che Kant chiamava «imperativo categorico», cui si deve rispondere senza porre condizioni di alcun tipo.

Da parte sua, nel racconto, Lorenzo sentì a un certo punto di doversi comportare come Assunta si era comportata con lui, aprendosi all'amore e all'impegno. Anche questa è una forma dell'imperativo categorico di Kant.

In Kant non troverete un elenco di buone azioni o un pari elenco di cattive azioni: non troverete, cioè, delle prescrizioni del tipo «fai questo», «non fare quello», dei precetti da osservare nei diversi contesti, come i Dieci comandamenti. Kant, piuttosto, fornisce una specie di regola generale, di facile applicazione e ben comprensibile a ognuno di noi. Tutti possono metterla in pratica, adottandola come principio di ogni loro azione: è l'imperativo categorico, che assume due forme principali.

La prima forma dell'imperativo categorico, su cui ci soffermiamo, ci dice, in sostanza: quando compi un'azione, guidato dai tuoi principi, pensa se tu stesso accetteresti che quella stessa azione la facessero gli altri nei tuoi confronti o nei confronti di tutti gli uomini. La formula di Kant è questa: «Agisci soltanto secondo quella massima che tu nello stesso tempo puoi volere che diventi una legge universale». Per «massima», intende la tua regola, la morale che segui; con «legge universale» un principio valido per tutti, che accetteresti che gli altri seguissero, comportandosi come ti sei comportato tu, nei confronti tuoi o degli altri.

Insomma, Kant non propone in concreto delle norme, delle azioni da compiere o evitare per raggiungere degli obiettivi morali.

Del resto, sarebbe stato praticamente impossibile scrivere uno o più volumi contenenti tutti i precetti da seguire, sarebbero infiniti. E come sarebbe possibile dettare regole morali per tutti gli ambiti, le situazioni della vita umana nel suo complesso? Alla fine, ci si renderebbe conto che molti casi verrebbero esclusi perché determinati da nuove situazioni, nuovi eventi, cambiamenti del mondo che ci circonda e della società in cui siamo immersi. Oltre che impossibile, sarebbe forse anche un'opera inutile, in quanto mai esaustiva, soprattutto perché ogni uomo vive le stesse situazioni in modo diverso, in modo personale, mai uguale a quello di altri uomini, figuriamoci di tutti.

Ma in concreto, allora, che cosa significa un imperativo categorico? Kant fa degli esempi. Prendiamo un uomo afflitto da gravi problemi che decida di togliersi la vita. Il suicidio può diventare una norma universale di comportamento per tutti quelli che attraversano un periodo di angoscia e disperazione? Evidentemente no: ecco, l'azione di quell'uomo, compiuta secondo la sua massima, non è universalizzabile.

Un altro esempio di Kant per spiegare la portata del suo imperativo categorico è quello di un uomo che per difficoltà di natura economica e finanziaria decide di non tener fede alla parola data e di non restituire una somma ricevuta in prestito. È una scelta personale dettata dalla «massima della sua vita», ma la questione è: potrebbe tale comportamento (la massima di quell'uomo) diventare un precetto universalizzabile, cioè valido per tutti gli uomini? No.

Quindi l'azione di entrambi gli uomini non può costituire o diventare una norma di comportamento per tutti: bisogna invece seguire l'imperativo categorico che spinge a compiere azioni che potrebbero diventare le azioni di tutti. Il suicidio e il non restituire il dovuto non possono diventare imperativi categorici, universali e validi per tutti.

Agosto sentiva che il comportamento della signora Assunta nei confronti di Lorenzo «dovesse» essere un atteggiamento universale, che tutti avrebbero dovuto seguire. Era arrivato a «capirlo» perché prima di tutto lo aveva applicato su sé stesso, chiedendosi se, in una situazione simile, non sarebbe stato un dovere anche per lui agire in quel modo. Certo, non aveva in testa l'aggettivo «universale», né il sostantivo «massima», né, tanto meno, il concetto di imperativo categorico, ma il senso era riconducibile a quel che intendeva Kant. Il piccolo Agosto, detto Agostino, aveva in qualche modo interpretato la teoria del grande filosofo.

Ma allora a chi possiamo rivolgerci per affermare che cosa è bene e che cosa è male? Abbiamo bisogno di qualcuno che ce lo dica, oppure possiamo capirlo da soli? Occorre, per esempio, riferirsi ai comandamenti, alle prescrizioni morali delle varie religioni o ci possiamo arrivare autonomamente, solo con la nostra mente? La risposta di Kant è che sì, ci possiamo arrivare da soli.

Secondo lui ce la possiamo fare indipendentemente da precetti e comandi, perché la morale è autonoma dentro di noi, nel nostro cuore; non bisogna andarla a cercare fuori di noi, non ci serve che qualcun altro ce la insegni.

Non dobbiamo dipendere da nessuno per sapere ciò che è bene e ciò che bene non è.

Esistono delle convinzioni morali nel cuore stesso dell'uomo. La legge morale, il senso del dovere, il bene non vanno inventati, vanno scoperti e coltivati dentro di noi, perché là sono, nell'uomo singolo, in tutti gli uomini.

Naturalmente – come afferma Kant – non potrebbe esistere dovere senza libertà, nell'uomo. Se uno non fosse libero di scegliere che valore avrebbero le sue scelte? Prima di tutto non le potrebbe fare, in secondo luogo, anche se le facesse perché costretto, che valore morale avrebbero? Dove sarebbe il merito nel rispondere con le azioni, con il comportamento a ciò che sentiamo naturalmente nel nostro cuore sotto forma di dovere?

In fondo, anche Agosto, nella sua cameretta, alla fine di ogni giornata sentiva di avere dentro di sé qualcosa che non gli aveva insegnato nessuno: il senso del dovere, di fare il bene.

In noi c'è la legge morale. Nel nostro cuore il dovere si impone a noi: Kant dirà che il dovere è un *Factum*, un fatto, qualcosa che c'è e del quale noi prendiamo atto. Così come, per esempio, ci rendiamo conto dell'esistenza di quella palla di luce che è il Sole. È lì, è un *Factum*, non è in discussione. Ce lo troviamo davanti come qualcosa di naturale che non è necessario dimostrare. Si mostra a noi, non si dimostra. L'uomo non può far altro che constatare che nel proprio cuore c'è qualcosa che lo spinge a fare il bene. Questo non significa automaticamente che l'uomo, sapendo di dover fare il bene, poi lo faccia realmente. Deve usare la sua volontà per rispondere al dovere, alla legge morale, lo deve fare perché trova in sé una moralità universale, presente in tutti gli esseri umani, e non come risposta a un precetto esterno a lui o addirittura derivante da Dio che, in definitiva, non è conoscibile. Deve farlo senza preoccuparsi che quell'azione comporti per lui un'utilità o una felicità immediata. L'unico modo valido di rispettare la legge morale è rispondere a quel dovere che ogni uomo sente nella propria coscienza come un comando al quale non ci si può sottrarre, severo, rigoroso, irremovibile, in fin dei conti inesorabile.

Un uomo può essere onesto per interesse, per ottenere qualcosa di utile, per ricavare dalle sue azioni una qualche forma di felicità: ma questa risposta al dovere di onestà non è un'azione moralmente buona perché ha origine da un'intenzione sbagliata, non morale. Questo, per Kant, vale anche nel caso del rispetto della legge dello Stato che non sia motivato dal puro dovere, ma solo dalla paura di incorrere in qualche sanzione: in quest'ultimo caso non si tratta di un'azione moralmente buona, lo è solo esternamente ma non nelle intenzioni interiori di chi la compie.

Il piccolo Agosto aveva sfiorato tutto questo con i suoi pensieri della sera, «i pensieri della cameretta». Quello che lui – e a loro modo anche Lorenzo e Assunta – sentivano occupò Kant, nel Settecento, in anni e anni di studio, di riflessione, di scrittura e riscrittura, con cui volle capire fino in fondo l'origine della legge morale, giustificarla razionalmente, spiegarla e farne un pensiero forte da un punto di vista filosofico.

Il primo a Patacchi, nella sua cameretta, il secondo a Königsberg, al suo tavolo di lavoro.

V

LA MORTE

La domanda

In che cosa consiste la morte?

Nella semplice constatazione medico-biologica del decesso dell'individuo? Eppure è un evento che interessa tutta l'esistenza dell'individuo, è il maggior dramma e il maggior mistero di tutta la vita umana...

Quando ci si mette a pensare alla morte ci si trova in una situazione particolare: è un pensiero necessario che incombe sulla vita di tutti e, nello stesso tempo, è un pensiero impossibile perché è proibitivo pensare qualcosa di cui nessuno ha potuto lasciare testimonianza diretta per rivelare se ci sia qualcosa al di là.

Carlo e Furio, tra paura e indifferenza di fronte alla morte

Cominciarono a discuterne che avevano poco più di sedici anni e non smisero mai, finché vissero entrambi. Un filo che non si spezzò, finché non capitò qualcosa che li costrinse a non parlarne più.

Tutto cominciò quando morì il parroco del paese e i paesani, anche quelli che non frequentavano le funzioni, si raccolsero a dargli l'ultimo addio in chiesa.

Cominciò Carlo: «Chissà se anche i preti hanno paura di morire».

«Macché» rispose Furio, che era seduto accanto a lui nell'ultima panca, «non fa paura a me, figurati a lui che è un prete, anzi, magari è anche contento, ha vissuto tutta la vita per andare in paradiso, semmai avrà paura di trovarsi in purgatorio, all'inferno non credo.»

«Ascolta» disse Carlo «sarà anche un prete, ma uomo lo è stato anche lui, e la paura di morire ce l'abbiamo tutti: io non ci credo che esista qualcuno che al pensiero di morire resti tranquillo e beato.»

«Io» riprese Furio «paura di morire non ce l'ho proprio, semmai mi fa paura la sofferenza, ma non la morte. Cosa pensino gli altri non lo so e neanche mi interessa, anzi non me ne frega proprio niente, io so quel che penso io.»

Parlavano in tono accalorato e non si erano accorti di aver alzato la voce, così furono zittiti dai parrocchiani seduti vicino a loro: «Almeno al funerale del parroco comportatevi bene e state zitti!» Lo disse un omone seduto sulla panca davanti alla loro e, un po' per timore un po' per vergogna, si zittirono all'istante. Ma ormai era cominciata una discussione che sarebbe durata praticamente in eterno.

Pochi giorni dopo, giocando a pallone, Furio – che era avvezzo, diciamo, a non andare per il sottile, tant'è che lo avevano sopranominato «schiacciasassi» – provò a entrare in scivolata su un avversario, un attaccante che si stava avvicinando pericolosamente alla porta. Ma gli andò male perché nel tentativo mise male un piede e non riuscì a fermarlo, riportando oltretutto una dolorosa slogatura alla caviglia. Questo piccolo incidente scatenò una sorta di crisi di panico: «Mi son troncato il piede, mi fa un male boia, non potrò più giocare, porca miseria, fate qualcosa!»

Accorse subito l'allenatore, che era anche il massaggiatore di una squadra di serie C, per vedere cosa fosse successo. «Non hai nulla» sentenziò, «smettila di fare tutte queste scene e vieni in panchina che ti controllo bene.» Lo sostituì con una riserva e la partita riprese subito. Gli praticò due o tre manovre per verificare la sua prima diagnosi e, in effetti, riscontrò che non era nulla di grave, solo una semplice slogatura. Poi chiamarono un ortopedico che seguiva la squadra e che sentenziò lo stesso: «Quante storie, Furio, mi sembri un bimbetto. Domani si farà una radiografia, vai nello spogliatoio e poi torna qui a seguire la partita». L'arbitro poco dopo fischiò tre volte, la partita si concluse sullo 0 a 0.

Furio si placò, ma Carlo, ovviamente, non perse l'occasione per sfotterlo: «Proprio da te non me l'aspettavo, dici di non aver paura della morte e fai una tragedia per una caviglia slogata. Ma smettila di raccontare balle sulla morte, là sul campo mi sembravi una signorinella spaventata, altro che un uomo che non teme la morte».

«Ma che c'entra?» provò a replicare Furio.

Carlo non gli fece neanche finire la frase e seguitò a canzonarlo senza pietà: «Sei uno sbruffone, questo sei, hai paura anche tu della morte, ti vuoi mostrare superiore agli altri, non vuoi far vedere, come sarebbe normale, che sei uno come tutti noi. Ti sembrerebbe, così facendo, di mostrarti da meno, questa è la verità».

Furio, ripresosi dallo spavento, si rese conto di aver mostrato una certa debolezza di carattere, e naturalmente, come accade con questo tipo di personalità, per superare lo smacco, invece di ammettere attaccò, negando quanto successo, anche se era evidente, lampante, incontestabile. «Macché sbruffone, sei tu che non capisci niente. Io ho avuto paura di non poter giocare più le altre partite di campionato, tutto qui.»

«Macché lo dico io» riprese Carlo, «eri là in mezzo al campo che sembravi al macello. "Ora che mi succederà, fate qualcosa, sto male!": avevi una paura che non si spiega, tremavi tutto come una foglia al vento. Ridevano pure gli spettatori, e avevano anche ragione. Altro che sbruffone, sei un vero e proprio cacasotto. È capitato anche a me, e tu lo sai bene, e il mio infortunio era ben più serio. Eppure io, che ho paura della morte e che ho il coraggio – a differenza tua – di ammetterlo, non ho fatto tutte queste scene di panico, a dir poco ridicole.»

La discussione andò avanti per oltre mezz'ora, ma è inutile darne conto qui, perché fu una ripetizione fino all'esaurimento delle stesse accuse di Carlo e delle stesse repliche di Furio, per la verità assai debolucce.

In fondo, Carlo non era mai stato così sensibile a questo tema della morte. Sì, certo, ci aveva pensato, anche per la sua formazione cattolica, come succedeva alla maggior parte dei coetanei, ma non in modo particolare e intenso come invece Furio. A Carlo questa ossessione di Furio, non per la morte, ma di far sapere che lui non ne aveva paura, sembrava un po' strana. Man mano che passavano gli anni, la discussione non si placava, restando sempre serrata e ricorrente, anche se Carlo partecipava un po' svogliatamente. Non provava grande interesse per questo interminabile e ripetitivo dibattito, ma quando ci si metteva non gli mancava il vigore, benché annoiato. Più che altro, l'insistenza di Furio e la saccenteria con cui portava avanti la sua posizione lo innervosivano, ed era la molla che lo lanciava nel dibattito. A volte, sforzandosi, riusciva a cambiare discorso, oppure a trovare il modo per svignarsela con una scusa, ma nella maggior parte dei casi gli toccava sottostare al solito tormento.

Poi, un giorno, una delle loro discussioni fece cambiare atteggiamento a Carlo che, possiamo dire, mutò la disposizione d'animo con cui affrontare gli scambi d'opinione con il suo amico Furio. Avvenne naturalmente, senza neanche che Carlo se ne rendesse conto. E quando se ne accorse rimase meravigliato.

C'era stato un grave incidente automobilistico nel quale aveva perso la vita uno dei due passeggeri, entrambi loro compaesani. La macchina sbandò su una strada sterrata di campagna e finì direttamente nel burrone sottostante. L'uomo alla guida morì sul colpo, mentre l'altro la scampò riportando un po' di ferite neanche tanto gravi.

Erano due fratelli gemelli, cinquantenni, e il fatto destò sconforto in tutto il paese e nei dintorni. I due gemelli erano molto conosciuti nella zona, erano rimasti entrambi scapoli e godevano fama di lavoratori indefessi, due omoni.

Potete immaginare in che stato fosse il sopravvissuto, Luigi: in preda all'incredulità, allo sconforto e all'angoscia più neri. Ci volle tempo prima che si riprendesse un po' e ricominciasse a frequentare il paese, che poi voleva dire la piazzetta vicino alla chiesa parrocchiale e il bar. Un giorno in cui Furio e Carlo chiacchieravano al bar, notarono il povero Luigi, in mezzo a un po' di avventori che gli si erano fatti incontro appena entrato. Si sedettero intorno a lui finché ci furono sedie, alcuni rimasero in piedi. «Allora Luigi» disse il più anziano tra i presenti, «ma com'è andata alla fine? È da quando è successo che qui in paese non si parla d'altro. Io son vecchio, anzi, sono il più vecchio ma una cosa così non mi era mai capitata, certe notti non ho chiuso occhio per la tristezza, e non è successo solo a me, vero?», e si rivolse a tutti quelli che erano intorno a Luigi in un simbolico abbraccio di tutto il paese. Fu tutto un bisbigliare di «Sì, è vero», «Proprio così», «Anche i bimbetti son rimasti scossi», «Ti siamo vicini», «Mia moglie non dorme più bene», e via di questo passo.

Luigi ascoltava in silenzio e ripeteva: «Grazie, grazie». E poi ancora: «Ve ne sono grato, sento tanto affetto e mi rincuora».

«Non so bene come funzioni» iniziò Luigi «ma in pochi istanti è davvero come se tu rivedessi tutta la tua vita. La paura di morire quando la macchina ha cominciato a sbandare e ad avvicinarsi al burrone era infinita, non la so neanche descrivere. Io lo so, l'ho sentita, ma soprattutto l'ho vista negli occhi di mio fratello Sergio nei momenti in cui eravamo ancora in strada e l'automobile ha cominciato a sbandare andando a sbattere negli alberi che la costeggiavano. "Luigi, qui si muore! Non riesco a rimetterla in carreggiata, si muore, si muore, noooooo..."» gridava riportando le ultime parole del povero fratello Sergio. «Ricordo solo che ho provato un gran caldo, avevo il cuore in gola, ero senza respiro, immobilizzato, riuscivo solo a puntare i piedi come se potessi frenare. La paura di mio fratello e la mia paura, non sentivo altro: una paura che non avevo mai provato, neanche da piccolo. Una volta, avrò avuto cinque anni, ero al buio e prima di addormentarmi vidi delle ombre sul muro. Chiamai mia mamma, che non rispondeva perché era scesa un minuto a buttare la spazzatura. Provai tantissima paura e anche allora restai immobilizzato nel mio lettino. Nel burrone invece la paura veniva dal fatto che mi sembrava di essere già morto prima ancora che succedesse. Non mi riesce di raccontarlo bene, bisogna provare per capire. Scorrevano tutte quelle immagini di una vita intera, i genitori, i parenti, io e mio fratello in tante occasioni felici, cinquant'anni vissuti insieme...»

I compaesani erano ammutoliti, non sapevano cosa dire, non ce n'era uno a cui non fosse venuta la pelle d'oca. Quello che aveva detto Luigi, il suo racconto, aveva trasmesso il terrore che aveva provato: la sua paura era entrata dentro a tutti coloro che lo ascoltavano ammutoliti. Non volava una mosca. Poteva succedere qualsiasi cosa ma niente, in quel momento, avrebbe potuto distrarli dal racconto del fratello sopravvissuto. Povero Sergio, e povero suo fratello Luigi: si era salvato la vita, ma la morte del gemello in circostanze così terribili non sarebbe mai riuscito a superarla, semmai a conviverci malamente nel ricordo.

Mentre Luigi parlava, di tanto in tanto Carlo sbirciava le espressioni sul viso di Furio, che era concentrato sul racconto del povero Luigi e non si distraeva un attimo.

Chissà che cosa pensava davanti a un racconto così tragico, che sembrava ascoltare con sincera e commossa partecipazione. In quel racconto Luigi non esprimeva un'idea, che può lasciare il tempo che trova, ma raccontava un'esperienza vissuta, reale, della quale era difficile pensare che non fosse vera. Era curioso di sentire quali ragionamenti strampalati sarebbero usciti dalla bocca di Furio. Come avrebbe potuto rispolverare i suoi discorsi sulla paura della morte dopo un racconto così veritiero e tragico allo stesso tempo?

«Sapete cos'è che mi tormenta di più?» riprese Luigi. «La prima cosa è il ritorno continuo, senza requie, nella notte, mentre dormo, di quegli ultimi istanti prima di precipitare nel burrone e anche dell'interminabile tempo della caduta. È come se questi ricordi avessero preso posto nella mia mente in modo arrogante e sprezzante, come se mi volessero volontariamente far male, incuranti della sofferenza che mi provocano. Mi piombano addosso di notte, ma anche di giorno, come un masso che non ho le forze di rimuovere. Il cervello li va a ripescare con un certo sadismo. Questi ricordi terribili appannano anche il ricordo di mio fratello, come se lo coprissero con un velo spesso, che mi impedisce di pensare ai ricordi belli nei quali mi piacerebbe coccolarmi. E poi c'è un'altra cosa, che non so se è addirittura peggiore della prima: hai qualcuno nel cuore, forse addirittura di più di quando era ancora in vita, ma non ce l'hai fuori, nella realtà, nella vita di tutti i giorni. Questo è atroce.»

Si era fatta ora di cena e Carlo chiese a Furio se volesse fermarsi a mangiare qualcosa a casa sua, ma era già impegnato e ognuno andò per conto proprio. Si salutarono e si dettero appuntamento per il giorno dopo.

Alle due del pomeriggio arrivarono in motorino al campo da calcio e si misero seduti vicini, senza fare parola di quello che aveva raccontato il giorno prima, al bar, il povero Luigi. Ma non stavano nella pelle dalla voglia di parlarne.

La partita andò male e questo li rese un po' nervosi; erano infatti tifosi incalliti dell'Aquila, e la squadra era stata eliminata a un passo dalla finale dei playoff di Serie D. Rimasero a parlare e a commentare la partita con un gruppetto di tifosi, poi si appartarono.

«Povero Luigi» cominciò Furio, «ieri mi ha fatto proprio pena. Soffre tanto ma è un uomo forte, hai visto con quanta dignità se ne stava lì in mezzo a raccontarci delle cose che devono essere state terrificanti!»

«È vero» soggiunse Carlo, che subito riaprì la loro discussione. «Spero che almeno quel racconto ti abbia fatto riflettere un po' sulla paura della morte, che è in tutti noi e secondo me anche in te, come ti ho detto tante volte, ma inutilmente perché hai la testa più dura di un macigno.»

«Non c'entra nulla quel racconto con quello che penso io» riprese stizzito Furio che si sentiva messo all'angolo, ma, per come era fatto, non lo voleva ammettere.

«La paura che ha provato Luigi con suo fratello non era mica paura della morte in generale, era paura per quello che stava succedendo. Io parlo del pensiero della morte nella vita quotidiana, quella di tutti i giorni, mica in situazioni come questa. Caro Carlo, hai preso un granchio anche questa volta. Mi dispiace, ma proprio non ci capisci nulla.» Carlo non si arrese. «Ma che ne sai, chi te l'ha detto che quella paura non era la stessa che provano tutti? Certo in quell'occasione è stata più intensa e diversa ma sempre paura della morte era. La paura della morte uno la può sentire quando la vede in faccia, come successo ai due gemelli, ma anche quando, per i più disparati motivi, la pensa.

Mi dispiace per te, ma non sono io che non ci capisco nulla, sei tu che ancora una volta sei un pavido. Te l'ho detto e ridetto: hai paura di ammettere che hai paura. E poi è un attimo, ma dopo? Che cosa c'è dopo? Il buio, il nulla, pensano alcuni; altri pensano che la vita non finisca con la morte anche se l'al di là è un mistero. Comunque non ci sei più ed è l'unica certezza che abbiamo nella nostra vita, quella della morte. Tu la fai troppo facile, come se la morte fosse un evento tra tanti altri, ma non è così: è l'evento più doloroso e tragico, non si scappa da questo dramma, è inutile che tu continui a girarci intorno, perdi tempo.»

Sempre più stizzito, Furio riprese la parola. «Non è vita quella che c'è dopo. È morte. Dopo è tutto finito, non c'è più nulla e soprattutto sei tu che non ci sei più, come il fratello di Luigi. C'è il ricordo, questo sì doloroso, anche straziante, degli altri, non tuo. Tu non provi più nulla. Lo vuoi capire con quella testaccia che ti ritrovi che, quando chiudi gli occhi, in un attimo è tutto finito? Tutto!»

«Ma in quel caso sei già morto, eppure il pensiero della morte ti è venuto chissà quante volte nella vita e non solo per te, ma anche per chi lasceresti: parenti, amici, moglie, marito, figli, la mamma e il papà.»

Era passato del tempo dall'inizio della loro continua discussione, e ormai avevano raggiunto i quarantacinque anni. Furio non era più tetragono come prima circa le sue convinzioni sulla morte, anche se non lo diceva a Carlo, trattenuto da un orgoglio spropositato e malcelato. In ogni caso, scacciava con tutte le forze questa sorta di turbamento, soprattutto quando gli tornava in mente il racconto di Luigi e la discussione del giorno seguente al campo da calcio con Carlo. Era come se li considerasse cattivi pensieri da scacciare.

Le discussioni si fecero rarefatte, molto meno frequenti, e quando avvenivano, al contrario del passato, era ormai solo Carlo ad accendere la miccia. Furio non era più ben disposto a discutere con l'amico, naturalmente perché non voleva far trasparire la minima esitazione, il minimo dubbio. Si era anche fatto più aggressivo quando capitava di parlare della morte: era persino ingiurioso, offensivo, molto insolente, diversamente da prima. Carlo aveva osservato con istintiva attenzione il comportamento di Furio e si era accorto soprattutto che non attaccava più briga: forse aveva davvero cominciato a nutrire dei dubbi dopo il racconto di Luigi e la descrizione degli occhi del fratello prima di precipitare nel burrone e morire. Aveva capito che Furio si poneva interrogativi che fino ad allora non gli erano mai neanche passati per l'anticamera del cervello, e che la sua testardaggine gli impediva qualsiasi ammissione che forse era lui, Carlo, ad aver ragione.

Il 2 novembre successivo alla tragedia di Luigi e suo fratello, come tutti gli anni, i due amici andarono insieme al cimitero a portare i fiori sulle tombe dei loro morti, e stavolta anche sulla tomba di Sergio. Arrivarono a fine mattinata e videro che quella tomba pareva ormai un giardino per la quantità di fiori, composizioni floreali e piantine che vi erano state poste sopra e tutto intorno, fino a invadere anche le tombe vicine.

Luigi era lì davanti su una seggiolina, guardava il luogo in cui riposava il corpo del gemello e non mancava di alzarsi ogni volta che qualche compaesano si avvicinava per abbracciarlo, baciarlo o dirgli qualche parola di conforto.

Come ogni volta il 2 novembre, c'era chi piangeva, chi parlava raggruppandosi in piccoli capannelli, chi si scambiava racconti sui suoi cari e dedicava un ricordo ai parenti delle persone incontrate nei vialetti tra le file di tombe, chi discuteva del più e del meno sfruttando quell'occasione così particolare per aggiornarsi con chi non vedeva da tanto tempo, magari proprio dall'anno prima lì, al cimitero.

«Il problema di chi rimane cambia di persona in persona» disse Furio rivolgendosi a Carlo. «Hai notato quanti atteggiamenti e reazioni diverse in tutte le persone che abbiamo visto? Certo, facile non deve essere per nessuno, ma per alcuni il macigno è sempre lì, irremovibile, nel loro cuore e nella loro mente, e piangono anche dopo molti anni dalla morte del loro caro.» Carlo non disse nulla, lo ascoltò e fece un cenno della testa come a dire che aveva ragione Furio. D'altra parte, c'era poco da discutere, almeno stavolta.

Carlo era un appassionato di teatro e non si perdeva una rappresentazione nella vicina L'Aquila, dove c'era un cartellone sempre molto nutrito di autori, per lo più classici. Era appassionato delle opere di Luigi Pirandello e in quei giorni andò a rileggere alcune pagine particolarmente attinenti all'eterna discussione con il suo amico Furio.

Non erano tratte da un'opera teatrale ma dalle *Novelle per un anno*.

Pirandello rifletteva sulla morte della madre:

> «Potrei seguitare ad immaginarti così con una realtà di vita che non potrebbe essere maggiore: quella stessa realtà di vita che per tanti anni, così da lontano, t'ho data sapendoti realmente seduta là, in quel cantuccio. Ma io piango per altro, mamma! Io piango perché tu, mamma, tu non puoi dare a me una realtà. È caduto in me, alla mia realtà, un sostegno, un conforto. Quando tu stavi seduta laggiù in quel cantuccio, io dicevo "Se ella da lontano mi pensa, io sono vivo per lei". E questo mi sosteneva, mi confortava... Ora che tu sei morta, io non dico che non sei più viva per me; tu sei viva, viva com'eri, con la stessa realtà che per tanti anni t'ho data da lontano, pensandoti senza vedere il tuo corpo, e viva sarai finché io sarò vivo; ma

vedi? È questo, è questo, che io, ora, non sono più vivo, e non sarò più vivo per te mai più! Perché tu non puoi pensarmi com'io ti penso. È ben per questo, mamma, ben per questo quelli che si credon vivi credono anche di piangere i loro morti e invece piangono una loro morte, una loro realtà che non è più nel sentimento di quelli che se ne sono andati... Tu l'avrai sempre, sempre, nel sentimento mio: io, mamma, invece, non l'avrò più in te. Tu sei qui; tu m'hai parlato, sei proprio viva qui, ti vedo, vedo la tua fronte, i tuoi occhi, la tua bocca, le tue mani; vedo il corrugarsi della tua fronte, il battere dei tuoi occhi, il sorriso della tua bocca, il gesto delle tue piccole povere mani offese, e ti sento parlare, parlare veramente le parole tue, perché sei qui, davanti a me, una realtà vera, viva e spirante, ma che sono più io, per te? Nulla. Tu sei e sarei sempre la mamma mia; ma io? Io figlio fui e non sono più, non sarò più...».

Carlo rimuginava dentro di sé quel testo che aveva letto e riletto altre volte: pensava alla sedia vuota nel cantuccio dove, per Pirandello, la madre c'era ancora, nella memoria, nel cuore e nella mente anche se non c'era più nella vita vera, quella di tutti i giorni. «Tu sei e sarai sempre la mamma mia; ma io? Io figlio fui e non son più, non sarò più...»

In un altro passo Pirandello scriveva: «Io piango perché tu, Mamma, tu non puoi dare a me una realtà». In queste parole Carlo ritrovava descritto il dramma che aveva visto negli occhi a Luigi e ascoltato dal suo racconto. Si ha dentro qualcuno al quale però non corrisponde più qualcuno fuori, in carne e ossa. Il ricordo non riproduce la persona viva, ma nella nostalgia, nella malinconia, talora nel pianto, raramente nella gioia. I pensieri di Carlo correvano su questi binari e a modo suo gli sembrava di trovare nelle pagine del grande Pirandello, da lui tanto amato, una conferma delle sue idee. Non ne parlava con

Furio. Sarebbe stato molto probabilmente inutile, non amava il teatro e non gliene sarebbe fregato niente di quel che aveva scritto, e prima pensato, Luigi Pirandello sulla morte.

Passò un'altra decina d'anni. Né Furio né Carlo si erano sposati né avevano avuto figli. Continuavano a essere amici inseparabili, nonostante quell'eterna discussione sulla morte continuasse ogni tanto a infiammare i loro discorsi.

Fuori dal paese antico avevano costruito due schiere di case popolari e una strada le collegava al vecchio abitato. In fondo alla strada, dal lato delle case appena edificate avevano costruito anche un ampio parcheggio che i paesani avevano gradito molto perché ce n'era bisogno da tempo.

In una di queste case era andata ad abitare una coppia che i paesani avevano subito soprannominato «il cane e il gatto» perché non c'era una volta in cui, soprattutto alla sera, non li si sentisse litigare a voce alta passando sotto le loro finestre al terzo piano sempre aperte in inverno e in estate. Qualcuno, un po' più curioso degli altri, si era fermato sotto per sentire che cosa si dicessero, e aveva compreso che l'argomento del contendere era sempre lo stesso: il rapporto del marito con i suoceri. Le frasi più ricorrenti del marito erano di questo tenore: «Quando ti deciderai a prendere le parti di tuo marito e non sempre quelle del tuo papà e della tua mamma? Non capiscono nulla su nulla, non c'è modo di parlarci, sono presuntuosi e anche impiccioni, vogliono sempre mettere bocca in tutto quello che facciamo, ma ti sembra possibile continuare così?»

I genitori della moglie avevano una fattoria piuttosto grande, dove tenevano animali e coltivavano frutta e verdura oltre che il grano, quindi in famiglia si mangiava regolarmente quel che proveniva da lì. La casa era sempre piena di roba portata dai suoceri, e il marito non lo gradiva, lo riteneva fastidioso e soprattutto non sempre amava quei prodotti, in particolare l'olio e il vino.

Erano diversi giorni, se non settimane, che la coppia discuteva delle piccole ma numerose damigiane d'olio che avevano letteralmente invaso la cucina. La moglie non dava cenno di comprendere neanche minimamente il marito, totalmente sottomessa ai voleri del padre. Si punzecchiavano a vicenda e non c'era giorno in cui non litigassero per questo benedetto olio, finché una sera dopo cena la discussione degenerò al punto che il marito buttò dalla finestra tutte le damigiane, che caddero sul marciapiede fracassandosi e spargendo olio dappertutto.

Malasorte volle che di lì a poco passasse Carlo. Doveva andare a prendere l'auto al parcheggio per raggiungere una famiglia di amici non lontano dal paese. In un primo tempo aveva pensato di andarci a piedi, poi cambiò idea. La via era poco illuminata, c'erano solo un lampione in cima e uno in fondo. La parte sottostante l'appartamento della coppietta era praticamente al buio.

Carlo camminava tranquillo sul marciapiedi sul quale erano state gettate le damigiane d'olio, ma non vedeva alcunché. Mise tranquillamente un piede sull'olio e scivolò, e tentando di non cadere si sbilanciò in avanti e cadde andando a finire col collo proprio su un vetro spesso del fondo della damigiana, che lo perforò profondamente fino a recidergli la carotide e altre arterie. Per di più, sbatté la testa a terra molto violentemente, tanto da perdere immediatamente i sensi. Morì in pochi minuti in una grande pozza di sangue. Non aveva avuto neanche il tempo di avere paura della morte. Saranno state circa le nove di sera, di una sera qualsiasi, di una notte qualsiasi che per lui fu la notte di tutte le notti.

Non si sa se nella notte qualcuno passò di lì. Magari quei pochi che erano transitati si erano tenuti sul marciapiede opposto e non lo videro. Fatto sta che lo ritrovarono alle prime luci dell'alba alcuni compaesani che andavano a lavorare. Il corpo era ormai freddo, gelato, e l'impressionante pozza di sangue aveva un colore violaceo. Ci volle poco a capire che era morto. Ci si precipitò a chiamare l'ambulanza e il medico in effetti constatò immediatamente il decesso. Né ci furono dubbi sulle cause della morte perché fu faticoso separare il collo dal vetro affilato e spesso che lo aveva trafitto.

Pensarono di farlo portare via prima che potessero assistere alla scena i genitori, tutti e due molto anziani. Fu poi il parroco a dar loro la ferale notizia. Nessuno dei due reagì, o meglio: dissero che era uno scherzo e non vollero crederci.

La coppietta fu indagata e poi prosciolta per omicidio colposo. Si separarono, andarono via dal paese, vendettero l'appartamento e così la loro storia finì nel peggiore dei modi: per qualche damigiana di olio che, alla fine, aveva procurato la morte di un uomo innocente e buono.

E Furio? Quando passò di lì si erano fatte ormai le otto del mattino. Rimase colpito dalla folla di paesani che erano accorsi proprio sotto quell'appartamento così noto in paese. Tant'è che pensò che fosse accaduto qualcosa di grave alla famosa coppietta. Di lì a poco scoprì la terribile e agghiacciante notizia. Era morto Carlo, che aveva paura della morte ma che non ebbe, nel momento della sua morte, il tempo di averne paura. Lo capì dai compaesani che gli riferirono le parole del medico: morte pressoché istantanea preceduta da perdita di coscienza dovuta a una frattura della scatola cranica dalla quale era fuoriuscita materia celebrale.

Furio ebbe una reazione da shock, che lo paralizzò letteralmente, nel corpo e nella mente. Stava in piedi, con gli occhi fissi sui vetri e sul sangue: i presenti, che sapevano della loro grande amicizia, lo abbracciavano per dargli conforto, ma lui non ricambiava l'abbraccio. Non riusciva a fare un passo avanti, non riusciva a muovere le braccia, non riusciva a parlare.

Ma soprattutto non riusciva a distogliere lo sguardo dal luogo in cui era morto l'amico col quale aveva discusso sulla morte per tanti anni, da quando erano poco più che adolescenti. Una vita spezzata da un incidente assurdo ma implacabile all'età di 57 anni. La stessa di Furio.

Era venerdì. Furio fu accompagnato a casa praticamente a spalla e fu messo a letto dove rimase vestito così com'era per cinque giorni, nei quali bevve acqua zuccherata e basta. Non riuscì nemmeno ad andare al funerale. Immobile, silenzioso, con gli occhi a volte chiusi e di tanto in tanto spalancati che fissavano il soffitto, non rispondeva a nessuno di coloro che si rivolgevano a lui, neanche ai medici che, dopo un consulto, decisero un ricovero in psichiatria, in una clinica a una cinquantina di chilometri dal paese. A casa rifiutava le cure, e gli anziani genitori non erano in grado di occuparsi di lui. Non capivano che cosa stesse succedendo al loro figlio unico, l'amato Furio.

Pochi mesi dopo Furio ebbe un primo problema al cuore, che comunque riuscirono a tamponare. Da allora cominciò a dire qualche parola. Ripeteva spesso il nome dell'amico: «Carlo... Carlo... Carlo...» Lo faceva a voce bassa, come se fosse lì vicino. Dopo qualche settimana, ebbe un nuovo malore, e cominciò a ripetere di tanto in tanto una frase, sempre la stessa, per poi ricadere nel mutismo più assoluto: «Forse aveva ragione Carlo, ma io non ho paura di morire. Non sarà peggio di come sto ora, matto tra i matti». Lo ripeteva a voce bassa quando era solo, ma alcuni infermieri del suo paese lo sentirono. E capirono perché sapevano delle discussioni infinite tra Furio e Carlo.

Nel frattempo Furio fu trasferito in un ospedale psichiatrico per motivi economici: la famiglia non ce la faceva più a continuare a pagare le spese della clinica privata dove era stato ricoverato nei primi mesi. Era stato messo nel reparto dei non agitati e in effetti stava sempre a letto.

Dopo pochi mesi, ebbe un altro infarto che svolta gli fu fatale e se lo portò via. Furio era morto così, da solo, in un ospedale psichiatrico. Chissà se aveva capito di stare morendo e chissà cosa aveva pensato in quei momenti che precedettero la morte. Possiamo dire che forse per lui fu una liberazione. Ma chissà.

Furio e Carlo non potevano sapere che Epicuro e Karl Jaspers...

Furio era arrivato a conclusioni affini al pensiero del filosofo greco Epicuro; Carlo, invece, aveva sempre nutrito convinzioni più vicine al pensiero del tedesco Karl Jaspers, filosofo e psichiatra novecentesco.

Nella sua *Lettera a Menèceo*, Epicuro esprime lapidariamente e con estrema chiarezza il suo pensiero sulla morte: «È perciò stolto chi dice di temere la morte [...]. Il più orribile dei mali, la morte, non è dunque nulla per noi; poiché quando noi ci siamo, la morte non c'è, e quando la morte c'è, allora noi non ci siamo più». Riecheggiano le parole del povero Furio, che per tutta la vita aveva sempre sostenuto, nelle discussioni con Carlo, proprio questo: la morte non deve far paura perché quando verrà noi non ci saremo, e con la vita se ne andranno anche tutte le sue sofferenze, fisiche, morali e psicologiche.

Epicuro nasce a Samo nel 341 a.C. e muore ad Atene nel 270 a.C.: vive quindi in un periodo della storia greca tra i più memorabili ma anche più burrascosi. Immaginate l'impero greco sotto la dominazione dei Macedoni, poi il periodo delle conquiste di Alessandro Magno, poi ancora la disgregazione e la frantumazione del suo impero, le lotte intestine per le successioni, le divisioni tra città-Stato in lotta per beghe locali, le grandi trasformazioni economiche di una Grecia che aveva dominato il commercio internazionale e che ora doveva ridisegnare ogni cosa. Insomma, questioni locali e questioni internazionali: in tutto questo immaginate i Greci che vedono crollare le loro certezze in pochi anni e non capiscono più in che mondo vivono e quale sarà il loro futuro. Nella loro mente regna il caos, quando non l'angoscia e la disperazione.

È nel mezzo di questo caos che Epicuro, dopo aver fondato scuole in altre città, nel 306 crea il Giardino. È la sua scuola più importante, e prende il nome dal suo stesso giardino, nel quale si sviluppa una comunità di «amici» che vive una vita austera lontana dal fracasso e dalla dissoluzione della Grecia antica, al riparo dal disorientamento che domina l'inizio del periodo ellenistico. Gli stessi Greci prima al sicuro nella *pòlis*, la città che ha dato origine alle città dell'Occidente, vengono ora proiettati in una dimensione diversa, nuova, sconosciuta, senza più punti di riferimento, su una nave che vaga senza bussola e senza fari nei porti, in una notte buia in cui la Stella Polare è coperta dalle nubi in un mare tempestoso.

Ebbene, in questo ambiente la filosofia ellenistica (dal greco *ellenikòs*, degli Elleni o dell'Ellade, la Grecia antica) ebbe una svolta in senso esistenziale. Inizia cioè a occuparsi dell'esistenza umana, del suo svolgersi nella quotidianità e nel periodo storico contingente, diversamente dalle filosofie di Aristotele o Platone – o ancora prima Parmenide – che si occupavano di dare una spiegazione globale, totale del mondo, metafisica (dal greco *metàphisikà*, al di là delle cose naturali, fisiche).

Il centro della filosofia, prima, non era l'esistenza dell'uomo, ma la costruzione di una teoria teosofica che si occupasse del Tutto.

La filosofia per Epicuro è invece un farmaco per curare l'esistenza dei singoli. Sta lontano dalla politica perché può essere portatrice di malessere, di infelicità. Uno dei suoi motti tratto dai *Frammenti* è, infatti, «Vivi nascosto».

Epicuro si sforza di rispondere a domande che appartengono a tutti gli uomini di tutte le epoche, ma che riguardano la loro vita concreta. Domande che riguardano la felicità e le vie possibili per raggiungerla, il modo in cui difendersi dai turbamenti che affliggono l'anima di tutti, la creazione di una propria scala di valori che ci permetta di capire quali sono i desideri reali a cui rispondere per raggiungere il benessere e quali non sono né naturali né necessari, come la gloria e gli onori, che non portano alla vera felicità.

Ma qual è la vera felicità? La risposta a questa domanda si intreccia con le riflessioni di Epicuro sulla morte e ci ricollega alle storie dei nostri poveri Furio e Carlo.

Epicuro vede nella filosofia la via per raggiungere la felicità, uno strumento per liberarsi dalle passioni, cioè per estirpare le paure vane, la fallacia delle opinioni, i desideri insensati, l'incertezza delle mete, l'instabilità nel programmare la propria vita, nel rimettere sempre tutto in dubbio.

Poiché il fine della vita è la felicità e la filosofia lo strumento per raggiungerla, Epicuro fornisce un *quadrifarmaco* composto in grado di:

1. liberare gli uomini dal timore degli dèi, dato che gli dèi vivono in una dimensione totalmente e assolutamente beata, e quindi la loro vita non può mischiarsi a quella degli uomini, perché perderebbero tale beatitudine, che li caratterizza;
2. liberare gli uomini dal timore della morte, dimostrando che la morte stessa è nulla per l'uomo perché, come già riportato, «quando noi ci siamo, la morte non c'è, e quando la morte c'è, allora noi non siamo più»;
3. dimostrare che è facile raggiungere il piacere, attraverso la filosofia che è lo strumento principe per la felicità, strumento accessibile a chi lo vuole;
4. dimostrare la sopportabilità del dolore perché se è temporaneo è sopportabile, se è intenso e irreversibile porta alla morte, e quindi vale lo stesso ragionamento della morte.

Emerge con estrema chiarezza che in Epicuro la filosofia è finalizzata a un obiettivo pratico. La liberazione dal timore della morte apre agli uomini l'orizzonte della vita, anziché restringerlo come quando la morte viene considerata un'angosciosa e tremenda parte della vita che la minaccia continuamente e per tutto il suo corso. L'uomo liberato dal timore-terrore della morte può vivere appieno la sua vita alla ricerca della felicità, felicità che non è più compromessa alla radice, turbata dalla paura, dalla presenza della morte incombente sulla vita. Finalmente, dunque, può cercare liberamente la sua felicità.

Il punto di arrivo è l'atarassìa (dal greco *ataraxia*, assenza di dolore «morale», di agitazione) e l'aponìa (dal greco *aponìa*, l'assenza di *pònos*, il dolore fisico).

È un errore l'uso che si fa del termine «epicureo» come sinonimo di edonismo (dal greco *hedonè*, piacere) allo stato puro: per Epicuro non conta solo il piacere, basti considerare al valore che attribuisce all'amicizia, per lui fondamentale. Scrive infatti nelle *Massime capitali*: «Di tutte le cose che la saggezza ci offre per la felicità della vita, la più grande è di gran lunga l'acquisto dell'amicizia». Amicizia, dunque come ricerca di chi non bada sempre e solo all'utilità per sé.

Il piacere è comunque il principio e il fine di ogni felicità, anzi di ogni bene possibile. Scrive il filosofo italiano Gabriele Giannantoni (1932-1998): «Il piacere, se consiste nell'eliminazione del dolore, può essere solo di quei desideri che non stimolino l'uomo verso mete vane, irraggiungibili e perciò dolorose». Epicuro distingue così tre specie di desideri: quelli naturali e necessari, come la fame; quelli naturali ma non necessari, come per esempio mangiare troppo, oltre quanto serve all'organismo; quelli né naturali né necessari, come la gloria, il potere o il denaro.

E in ogni caso il raggiungimento di una felicità stabile, e non passeggera, risulta impossibile se l'uomo non si libera da due paure che minacciano continuamente la sua tranquillità e il suo equilibrio, fantasmi che non gli fanno vedere con chiarezza i suoi problemi, distraendolo da una visione del mondo giusta e vera. Si tratta della paura degli dèi e della paura della morte, due paure che minano alla base la possibilità di raggiungere la felicità, l'atarassìa e l'aponìa.

Dopo il racconto del terrore del fratello sopravvissuto Luigi, la discussione infinita tra Carlo, che aveva paura della morte, e Furio che sosteneva fosse una paura ingiustificata arrivò a un punto di svolta. Furio volle precisare la sua posizione in modo chiaro, se possibile ancora più chiaro di quanto avesse fatto fino ad allora. Riportiamo di nuovo le sue parole: «Non è vita quella che c'è dopo. È morte. Dopo tutto è finito, non c'è più nulla e soprattutto sei tu che non ci sei più, come il fratello di Luigi. C'è il ricordo, questo sì doloroso, anche straziante, degli altri, non tuo. Tu non provi più nulla. Lo vuoi capire con quella testaccia dura che ti ritrovi che, chiusi gli occhi, in un attimo è tutto finito? Tutto!»

E anche quando Furio morì, ripeté che magari aveva ragione Carlo, ma comunque anche in punto di morte non aveva paura, perché dopo certamente non avrebbe potuto stare peggio di come stava in quegli ultimi momenti di vita.

Anche in questo Furio fu coerentemente epicureo. Il filosofo del Giardino sosteneva, come abbiamo visto, che se il dolore passeggero si può sopportare passa, se viceversa è insopportabile porta alla morte, che però non ci riguarda perché smetteremo di esserci.

Furio non sapeva chi fosse Epicuro e probabilmente se qualcuno gli avesse dato dell'epicureo avrebbe dovuto informarsi per capire se fosse un'offesa. Era anche probabile che, nel paese in cui Furio era vissuto e aveva maturato quelle convinzioni dal sapore epicureo, nessuno sapesse chi fosse Epicuro. Ma Epicuro ebbe un seguace inconsapevole 2300 anni dopo la sua nascita.

Karl Jaspers fu uno psichiatra e filosofo tedesco (1883-1969). Un filosofo esistenzialista. L'ellenista Epicuro portò la riflessione filosofica dal concentrarsi su una spiegazione totale del mondo a una maggiore attenzione; anzi esclusiva, per la vita degli uomini, ma con la finalità di far loro raggiugere la felicità attraverso la filosofia. Gli esistenzialisti, invece, pongono sì al centro l'esistenza – da cui il nome –, ma non con l'intento epicureo della ricerca della felicità: al contrario, per mettere in risalto il dato della finitudine umana e di ciò che la caratterizza in quanto tale, ossia la nascita, la lotta, la sofferenza, il passare del tempo, l'assurdo di tanti eventi nella vita, la morte.

Certamente l'esperienza della guerra, delle macerie e le immani tragedie umane che lasciò, contribuirono a rendere ancora più evidenti, in questi uomini di pensiero del Novecento – ma anche nella coscienza collettiva – gli aspetti negativi dell'esperienza umana. La filosofia è comunque sempre nel tempo, nel suo tempo, anche se si occupa di cose fuori dal tempo.

Secondo gli esistenzialisti, quando arriva la morte noi ci siamo; e abbiamo per tutta la vita la consapevolezza della morte, anche se è un enigma o un mistero. La paura della morte c'è ed è giustificata, potremmo dire che è la logica conseguenza della finitudine umana, a cui è connaturale. La vita, in qualche modo, contiene la morte, che è a sua volta parte della vita.

Anche secondo Carlo la morte suscitava paura ed era presente nel pensiero e nel cuore di tutti, se non altro perché vivere è un trascorrere del tempo che contiene l'esperienza della morte: quella degli altri, che siano più o meno vicini a noi. Ogni volta che la incontriamo, non solo ci addolora, ma provoca disorientamento, ci suscita domande profonde sulla vita. Lo sa bene chi subisce la morte di un figlio o di un genitore in età prematura: quell'evento tragico si trasformerà subito in una presenza dentro di sé ineliminabile, come uno sfregio che lascia sul volto cicatrici per sempre indelebili. Nel caso della morte lo sfregio è nella mente e nel cuore: da lì nulla e nessuno potrà mai togliere quella presenza ingombrante. Carlo era un uomo che viveva onestamente, facendo tutto quello che doveva fare, una persona seria che si poneva periodicamente il problema della morte, soprattutto andando avanti negli anni.

Il giudice antimafia Giovanni Falcone, morto nel maggio 1992 in un attentato mafioso, intervistato a proposito dei rischi per la sua vita disse: «L'importante non è stabilire se uno ha paura [*della morte*] o meno, è sapere convivere con la paura e non farsi condizionare dalla stessa. Ecco il coraggio è questo, altrimenti non è più coraggio ma incoscienza». Ecco il punto degli esistenzialisti e del povero Carlo, che ebbe la sfortuna di perdere la vita in modo assurdo: la morte c'è e la paura anche, ma di fronte a quella paura non bisogna fuggire, bisogna imparare a conviverci. Ma come? Proprio da questa domanda prende avvio il lavoro filosofico degli esistenzialisti e del nostro Jaspers.

Karl Jaspers arriva dalla psicologia alla filosofia attraverso il libro *Psicologia delle visioni del mondo*, per poi proseguire con la sua opera più importante, *Filosofia*, in tre volumi. Le riflessioni che affronteremo sono contenute soprattutto nel terzo volume. Il retroterra della psicologia, cioè l'indagine della psiche umana, con le sue patologie e le sue sofferenze, ha certamente influenzato la spinta di Jaspers a indagare l'esistenza anche in senso filosofico.

La sua riflessione ruota attorno a un tema dominante, se non unico: la chiarificazione filosofico-razionale dell'esistenza dell'uomo. Una chiarificazione che non può restringersi a questioni soggettive o psicologiche, poiché la nostra esistenza è nel mondo, nella situazione in cui ci troviamo, nel luogo dove viviamo, con la famiglia che abbiamo, con l'educazione che ci è stata data. Non è qualcosa di astratto, siamo noi, qui e ora. La nostra esistenza è essere al mondo, orientati al mondo, con tutti i suoi limiti e i suoi pregi. Del resto, le scienze non possono offrirci questo tipo di conoscenza, ma semmai la sola conoscenza di oggetti, cose e fenomeni particolari: la medicina del corpo umano, l'astronomia delle stelle, la fisica che studia la materia, i suoi costituenti fondamentali, la loro energia e forza, e così via. Ma non dicono nulla, né possono farlo, sul mondo come totalità: perché c'è questo mondo e non un altro? Che senso ha vivere in questo mondo? Che senso ha il dolore causato da eventi tragici? Il mondo nel suo insieme, l'esistenza che si svolge in esso in questi eventi va sempre al di là di noi, ci trascende (dal latino *transcendere*, andare oltre), ci oltrepassa, supera i limiti della nostra conoscenza della realtà: attiene alla realtà di noi, non del mondo nei suoi aspetti particolari ma nel suo complesso, proprio nella situazione in cui noi siamo collocati, in quel momento storico. Ebbene questo senso dell'essere ci trascende sempre, non è pienamente raggiungibile dalla mente umana.

Ma allora come facciamo a vivere, secondo Jaspers?

La scelta è affidata a noi, in quello che è un paradosso della libertà. Come faccio a scegliere se sono in quella situazione, se il mio orizzonte è quello e non un altro?

Qui Jaspers introduce un concetto molto importante per la sua filosofia, ma che potremmo ritenere universalmente valido: quello delle «situazioni-limite», situazioni immutabili, definitive, e soprattutto incomprensibili per la mente umana, avvolte da un mistero denso e impenetrabile dalle nostra conoscenza. Sono muri che si innalzano davanti a noi, muri invalicabili. Si può provare ad abbatterli, ma senza speranza, come tentò di fare Furio mantenendo il suo convincimento fino alla morte e durante gli ultimi attimi della sua vita, nel momento stesso in cui era cosciente di morire. Carlo, invece, nonostante la paura, non tentò di sfuggire, lo affrontò tutta la vita. Questa è la semplice constatazione di come sono andate le cose nel nostro esempio, non un giudizio di merito sulle loro idee e i comportamenti conseguenti. Lungi da me dire che Carlo avesse ragione e Furio torto: non è così, sono scelte diverse, entrambe rispettabili e ovviamente legittime.

Le «situazioni-limite» sono il dolore, la lotta per l'esistenza, anche per un'esistenza migliore, la morte: fatti che non hanno spiegazione. Di fronte ai quali non resta che aprire gli occhi e accettare. Il «non poter non» è una situazione particolare, assai tipica delle «situazioni-limite»: non si può non morire, non si può – aggiunge Jaspers – non peccare (magari non in senso religioso, ma laico, cioè non commettere cattive azioni, azioni ingiuste, situazioni nelle quali siamo causa di sofferenza altrui), non si può non subire sofferenze e turbamenti anche gravi.

Ci si scontra con qualcosa che va oltre le nostre possibilità di comprendere, ci appare tutto inesplicabile, quello che è successo ci trascende e ci fa rimanere senza parole. Capiamo che c'è qualcosa che va al di là della nostra situazione ma influisce negativamente su di essa, molto negativamente.

Proviamo allora ciò che Jaspers chiama «scacco», o anche «naufragio» della nostra esistenza (ne abbiamo già parlato nel capitolo introduttivo). È in queste occasioni che l'uomo può aprirsi alla trascendenza, a ciò che lo supera: perché capisce che c'è qualcosa che ci trascende, appunto. Può avvenire questo, ma anche una ribellione all'assurdo della vita, come sosteneva lo scrittore francese, premio Nobel per la letteratura, Albert Camus (1913-1960). È una risposta laica, che non ha nulla di religioso: una rivolta contro l'assurdo che spinge a darsi da fare per un mondo migliore, malgrado l'assurdo stesso che ci circonda e ci interroga. Questa è la posizione di Camus, anch'egli esistenzialista.

La risposta di Jaspers, invece, non è la ribellione, ma la constatazione delle «situazioni-limite» e l'apertura verso un trascendente che non conosciamo e che ci è incomprensibile. Un Essere trascendente che nell'ultima fase del lavoro filosofico e della scrittura delle sue opere Jaspers chiama Dio, il che non toglie le «situazioni-limite» dall'esperienza della nostra vita, ma dà un respiro e allarga l'orizzonte dell'esistenza stessa.

La vita vorrebbe trovare pace tentando di raggiungere, di avere con sé l'Essere trascendente, ma il tentativo è destinato a naufragare sugli scogli delle «situazioni-limite» e subisce uno scacco. A questo punto l'uomo capisce che non può non accettare la sua situazione perché egli è la propria situazione. Il naufragio si presenta a scadenze non regolari, indeterminate ma ricorrenti durante tutto l'arco dell'esistenza, inesorabili per la nostra finitudine. Ma l'uomo può aprirsi egualmente a ciò che lo trascende. Ha scritto un importante filosofo torinese, Luigi Pareyson: «Di fronte alla situazione-limite, la ribellione è insensata: non c'è che entrare in essa con gli occhi aperti». Insomma, il naufragio chiede all'uomo di correre il rischio di cercare l'eterno in ciò che eterno non è, attraverso il proprio impegno e dimostrando il coraggio dell'esistenza.

Carlo a modo suo, senza consapevolezza della riflessione filosofica ma grazie al buonsenso e alle sue riflessioni, aveva capito che la paura e a volte il dolore della morte richiedevano occhi aperti e mente e cuore vigili, per intravedere se in quel naufragio non ci fossero, appunto, i segni dell'Eterno.

VI

DIO

La domanda

Se Dio è al di là di tutto, se non è alla nostra portata, se possiamo conoscerlo solo attraverso immagini o parole di altri, a che ci serve?

Se Dio è ineffabile, incomprensibile, a cosa serve nella nostra vita?

Che risposte può darci di fronte ai drammi dell'esistenza?

Ma, allo stesso modo, se fosse a portata di mano come una cosa di quelle che sempre abbiamo a disposizione, a cosa ci servirebbe? Sarebbe uno di noi, limitato come noi e il mondo che ci circonda. A che ci servirebbe un Dio così?

Se consideriamo Dio ineffabile eppure sentiamo il bisogno di parlarne, che cosa vuol dire questa (apparente) contraddizione?

Patrizia, che non credeva in Dio,
Cinzia, che ci credeva pur sapendo che non
l'avrebbe mai potuto conoscere, e un amore

Cinzia e Patrizia erano entrambe napoletane.

Cinzia era nata nella zona di Porta Capuana, un quartiere centrale della città, non privo di problemi tra i più vari, e comunque tutti complessi, tra cui un alto tasso di criminalità. La sua fortuna era di essere comunque nata in una famiglia in cui non si respirava una brutta aria. Suo padre, dopo aver lavorato come manovale in un'azienda edile, aveva improvvisamente perso il posto e si era messo a fare il parcheggiatore abusivo. Erano cinque figli e nessuno aveva dato problemi ai genitori. La madre faceva piccoli lavori di sartoria. Per la Napoli bene, era diventata un punto di riferimento. Un rammendo due ore prima di una festa galante della tale o talaltra signora, una scucitura ai pantaloni del marito, ed ecco la mamma di Cinzia con ago e filo. Oltre a essere brava, era apprezzata anche perché bastava telefonare ed era pronta a intervenire. Si spostava velocissimamente con il motorino da un posto a un altro. Nella Napoli che contava era soprannominata la «Sarta Pronto Soccorso».

Anche Cinzia seguì un corso di taglio e cucito e, un po' grazie a quello, un po' grazie all'esperienza della madre, era diventata una buona sarta, solo per donna. Accanto al lavoro, aveva da sempre coltivato un interesse per la lettura, ma soprattutto per le scienze. Questa passione era partita dall'anatomia: facendo la sarta, le era venuta voglia di capire meglio com'era fatto il corpo umano anche sotto la pelle ricoperta dagli indumenti, ma poi aveva esteso la sua voglia di conoscere all'astronomia e alla matematica, che alla fine era diventata il suo interesse principale insieme alla fisica.

Aveva studiato Galileo Galilei e l'idea che il mondo fosse interamente riconducibile a formule matematiche, la cosiddetta «matematizzazione del mondo», l'aveva intellettualmente travolta, e l'aveva riappacificata nei confronti del mondo stesso e della natura. Dio non serviva, l'uomo era capace di spiegare il mondo con gli strumenti della scienza. Eppure, Cinzia non aveva mai smesso di riflettere su Dio, perché rimanevano anche in lei domande a cui la scienza non poteva rispondere.

Patrizia era nata a Borgo Marinaro, in quel groviglio di stradette praticamente davanti a Castel dell'Ovo. Il padre era un pescatore e la madre aveva un negozietto di souvenir che gestiva con l'aiuto della sorella. Patrizia era figlia unica. Da sempre aveva desiderato fare la cuoca: alle medie manifestò ai genitori l'intenzione di iscriversi all'Istituto alberghiero di Napoli che si trovava in un'altra zona della città, ma questo non rappresentò un problema, tanta era la convinzione nel perseguire il suo obiettivo. Come Cinzia, però, era un'autodidatta, e proprio come la simpatica conoscente che poi sarebbe diventata sua amica, era un'avida lettrice, anche se si concentrava più sulla letteratura straniera. Era colpita dal fatto che tanti degli autori che aveva letto parlavano di Dio, ma non erano mai riusciti a trovare il modo per definirlo. Erano sempre concetti sfuggenti, imprecisi, vaghi e, quindi, alla fine, tali da non giustificare la fede in Dio.

Per un apparente paradosso, le due future amiche erano un'appassionata di scienza che credeva in Dio, l'altra un'appassionata di letteratura che aveva letto autori che di Dio parlavano, ma di cui considerava vani gli sforzi e, quindi, non credeva.

Tutto cominciò durante una visita alla Cappella Sistina. La parrocchia di Cinzia organizzò una gita di due giorni a Roma, e grazie all'aiuto di un vescovo riuscirono a ottenere la possibilità di una visita guidata alla Sistina. Anche Patrizia si unì alla comitiva.

Partirono all'alba per sfruttare al massimo i due giorni di vacanza. A mezzogiorno entrarono nella Cappella Sistina, dalla stessa porta in cui entrano i cardinali per eleggere il nuovo papa. Già valicare quella soglia fu molto emozionante, per i credenti ma anche per i pochi non credenti che si erano aggregati.

La guida era una signora sulla sessantina, una studiosa di storia dell'arte che aveva scritto opere importanti proprio su quello che spiegava con semplicità disarmante a quei gitanti. Spezzava il pane del suo sapere con un gusto ben visibile nei suoi occhi, che brillarono per tutto il tempo della spiegazione.

La guida, alla fine della visita, lasciò un quarto d'ora libero in cui ognuno poteva vedere e rivedere quello che lo aveva colpito o, più semplicemente, abbandonarsi e avventurarsi da solo in quel mondo così terragno e allo stesso tempo incantato. Patrizia e Cinzia si fermarono di nuovo davanti alla scena della Creazione di Adamo, in cui il dito indice di Dio e di Adamo si protendono l'uno verso l'altro senza toccarsi.

Michelangelo iniziò l'affresco nel 1508 e lo terminò, senza potersi giovare di nessun aiuto, nel 1512, cioè in un tempo molto ristretto considerate le dimensioni dell'opera, 550 metri quadrati. Wolfgang Goethe sosteneva che «Senza aver visto la Cappella Sistina non è possibile formare un'idea apprezzabile di cosa un uomo solo sia in grado di ottenere». Michelangelo progettò da solo anche l'impalcatura sopra la quale avrebbe dipinto la volta, costituita da funi infilate dentro buchi praticati in prossimità delle finestre che reggevano delle tavole di legno, sulle quali il pittore dipingeva a volte in piedi, altre di traverso e altre ancora – spesso – sdraiato. Si può immaginare la fatica, data anche dalla scomodità delle posizioni, come descrive lui stesso: «Sono teso come un arco. Mi è già venuto il gozzo. Il ventre me lo sento in gola, i lombi mi sono entrati nella pancia, non vedo dove metto i piedi e il pennello mi gocciola sul viso».

Patrizia e Cinzia sapevano queste cose perché, al contrario degli altri visitatori, prima del viaggio si erano preparate leggendo vari testi sulla Cappella.

Ci sono conversazioni, dialoghi che, anche se chi parla non ne è cosciente, danno il via a grandi amicizie intellettuali, e che finiscono per durare un tempo che i soggetti coinvolti non possono neanche minimamente immaginare. Fu di questo tipo il fittissimo scambio di opinioni che avvenne tra Patrizia e Cinzia, sedute comodamente sull'ultimo sedile dell'autobus, a gambe incrociate, durante il pur breve viaggio di ritorno a Napoli.

Tutto nacque proprio da alcune domande su quelle due dita che, senza che se lo dicessero, avevano attratto l'interesse di entrambe: l'una di Dio Padre, il Creatore, e l'altra di Adamo, l'uomo creato per primo.

Perché quelle dita non si toccavano? Se Adamo era già presente nell'affresco, allora Dio lo aveva già toccato, cioè era già avvenuto l'atto della Creazione? Comunque fosse, perché Michelangelo le aveva raffigurate così, a pochissima ma simbolica distanza?

«Michelangelo ha voluto certamente rappresentare in questo modo la creazione come un mistero umano-divino» iniziò Patrizia.

«Certo» rispose immediatamente Cinzia, «del resto come si fa a raffigurare ciò che non si conosce se non lasciando a chi vedrà l'opera un alone di dubbio e, soprattutto, una libertà assoluta di interpretazione di quel che si vede? Vederla può portare a quello che pensi tu, ma anche, legittimamente, a quello che penso io...»

«Sì» continuò Patrizia, «ma intanto Michelangelo ha raffigurato quanto ci è narrato nel primo libro dell'Antico Testamento, la *Genesi*, come fosse realmente accaduto. Dunque Michelangelo ha raffigurato, pur con tutte le difficoltà di rappresentare un mistero, qualcosa che, palesemente, dava per avvenuto.»

«Ma scusa» riprese Cinzia, «se Michelangelo avesse voluto dare prova di un fatto accaduto avrebbe dipinto le dita unite. Evidentemente non se l'è sentita, per non esporsi, per non raffigurare qualcosa che lui stesso non sapeva come trasporre in immagini e restituire un alone di mistero e, quindi, l'incapacità di comprendere, perché si tratta di qualcosa di impossibile da capire e di conseguenza descrivere per immagini. Forse è tutto più semplice di quanto crediamo.»

«Io penso» riprese Patrizia, «che quel contatto mancato, nel suo rimanere quasi sospeso, ci faccia capire che Dio non si può acchiappare con la mente, con il cervello dell'uomo, che rimane una distanza incolmabile. L'uomo non può pretendere di farsi Dio e di comprimerlo nelle sue parole, nei suoi pensieri. Ma questo non vuol dire che stiamo parlando di qualcosa di fittizio, di una fantasia, di un'intelligenza che si diletta a inventare qualcosa che non c'è. È qualcosa di reale, insomma, non è frutto dell'immaginazione, eppure non riusciamo a parlarne come vorremmo. Non so spiegarmi meglio.»

«Forse» accennò sorridendo Cinzia «stiamo parlando di qualcosa di molto più grande di noi.» Sorrisero entrambe.

L'autobus nel frattempo era entrato a Napoli. Si fermò davanti al Duomo, dove si erano radunati parenti e amici per accogliere i gitanti e riaccompagnarli a casa. Ad aspettare Patrizia e Cinzia c'erano i loro genitori. Si salutarono con un bell'abbraccio e si ripromisero di rivedersi presto. Quella conversazione così fitta avrebbe dato il via a un'amicizia duratura che non si sarebbe più interrotta. Avevano avvertito entrambe, infatti, che non si era trattato solo di un contatto tra cervelli, ma di un contatto tra anime. E così fu.

Entrambe, il giorno dopo, ripresero a lavorare, una in sartoria e l'altra in un ristorante, ma sentirono il bisogno di risentirsi la sera appena rientrate a casa. Si telefonarono per manifestare la reciproca soddisfazione per quell'incontro inaspettato e intenso, inatteso, tutt'altro che banale.

Nel tempo che trascorse tra il primo incontro e il secondo, Cinzia e Patrizia poterono rendersi conto di quanto tenessero a quella nuova amicizia e ai temi che avevano affrontato. In fondo, era per entrambe la prima volta che si imbattevano in una persona dagli interessi così affini con cui parlare delle riflessioni che facevano da molto tempo, ma in assoluta solitudine.

Decisero di passare insieme un pomeriggio, in cui entrambe erano sole e non avevano impegni. Si trovarono a casa di Patrizia. Saranno state le tre del pomeriggio di una giornata fredda e uggiosa, ideale per starsene al calduccio del camino, a chiacchierare tra amiche.

Cinzia notò sul tavolo un mucchio di libri in cui erano inseriti dei rudimentali segnalibri, dei pezzetti di carta su cui in cima, nella parte che emergeva dalle pagine, c'era scritto in stampatello «DIO». "Che cosa sono questi foglietti segnalibro con scritto *Dio*? Forse hai cambiato idea su Dio? Sei caduta da cavallo come san Paolo sulla via di Damasco?»

Sorrisero entrambe. Patrizia rispose spiegando che non era così, ma anzi era vero il contrario. «No, no, mi sono annotata per te le pagine in cui tutti questi vari autori parlano di Dio come qualcosa di incomprensibile, in cui si sforzano di dire qualcosa su Dio e sulla sua impossibile esistenza, e in cui Dio rappresenta per loro un tormento senza fine e, per me, anche senza scopo.»

«Se è così come dici tu» riprese Cinzia, «se cioè ne parlano come un tormento, allora mi viene da chiedermi: perché parlare così di qualcosa del quale non si presume neanche che ci sia la possibilità che esista? Ho sbirciato gli autori e mi sembrano tutti dei grandi della letteratura, quindi non credo che si siano lasciati tormentare da qualcosa alla quale non vale la pena interessarsi.»

«Non è così. È che per un poeta, uno scrittore, un romanziere l'andare sempre oltre, non fermarsi al punto in cui può arrivare chiunque, interrogarsi se non possa esserci un oltre, è costitutivo della loro essenza. Pensa alla poesia di Leopardi, *Canto notturno di un pastore errante dell'Asia*. All'inizio interroga la Luna con dei versi stupendi: "Che fai tu, luna, in ciel? dimmi, che fai, / silenziosa luna? / Sorgi la sera, e vai, / contemplando i deserti; indi ti posi". Apparentemente sembrerebbe una domanda banale. Cosa vuoi che faccia la Luna in cielo? Fa la Luna, gira intorno alla Terra, ha le fasi crescenti e quelle calanti, quando è piena illumina le notti. Eppure Leopardi va oltre ciò che vede, si pone domande sulla Luna, con le sue domande squarcia l'ovvietà di quel che si presuppone tutti sappiano. Va oltre il margine entro il quale tutti ci teniamo con le nostre conoscenze, anche senza essere scienziati. E ciò che dice Leopardi vale anche per gli scienziati, li porta oltre quello che sanno già: è poesia e la poesia questo fa.»

«Già» riprese il discorso Patrizia, «ma proprio questo indica l'insufficienza delle risposte scientifiche dell'uomo, che si pone domande che vogliono andare oltre quelle risposte. Certo quel qualcosa non è definito in termini scientifici, se no non sarebbe poesia, ma è evidente che i limiti di quelle risposte non soddisfano: quel che si cerca ha una natura diversa, che nulla ha a che fare con il nostro mondo, con le cose, con gli animali e con la parte biologica dell'uomo.

Senti cosa scrive Ernest Hemingway, un autore che se ricordo bene conosci, vero?» proseguì ancora Patrizia.

«Sì, ho letto qualcosa di lui, non granché, e mi sono sempre ripromessa di leggere qualcosa in più. L'ho trovato un autore affascinante. Da quel poco che so a riguardo, ciò che scrive rispecchia un modo di stare al mondo pieno di voglia di vivere e molto avventuroso.»

«È proprio così, lo hai descritto bene, ma accanto a quello che dici, in lui, convive anche un certo sconcerto, un acuto senso di irresolutezza di fronte al nulla che la morte porta con sé. Per esempio nel racconto *Un posto pulito, illuminato bene* viene definito "il poema del *nada*", nulla in spagnolo. In un caffè spagnolo siede un vecchio solo e disperato che ha tentato di ammazzarsi ma non ci è riuscito, e allora si affoga nel cognac, che gli dà pace come fosse morto. Ce l'ho qui da qualche parte, volevo proprio mostrartelo... eccolo! Scrive così, leggo: "Di che cosa aveva paura? Non era paura né terrore. Era un nulla che conosceva anche troppo bene. Era tutto un nulla e un uomo era nulla lui pure [...]. Alcuni in quel nulla vivevano senza averne coscienza mai, ma egli invece lo sapeva bene che tutto quanto era *nada y pues nada y nada y pues nada*". Nulla e ancora nulla e nulla dunque nulla. Poi riprende: "O *nada* nostro che sei nel *nada* sia *nada* il tuo nome *nada* il regno tuo e sia *nada* la tua volontà così in *nada* come è *nada*. Dacci oggi il nostro *nada* quotidiano e *nada* a noi i nostri *nada* come noi li *nadiamo* ai nostri *nada* e non *nadare* noi in *nada* ma liberaci dal *nada; pues nada*? Ave, nulla pieno di nulla, il nulla sia con te".

Hemingway non cerca un oltre: tutto è caos, privo di ogni significato. Questo vecchio è colmo di noia, è un vagabondo in una terra nella quale non trova un senso e rinuncia a cercarlo. Non invoca qualcosa di oltre in cui rifugiarsi nell'illusione.»

«Non lo conoscevo questo racconto» disse Cinzia, per niente sconvolta da quel contenuto, ma aggiunse: «Strano però che ricorra al *Padre Nostro* per affermarlo».

«Non c'entra nulla» rispose seccamente Patrizia, «lo fa per negarlo, infatti lo riempie di *nada*, *nada*, *nada*.»

«Lo capisco bene, ma comunque gira intorno a Dio anche per deriderlo, annullarlo, farsi beffa di lui.»

«Non c'entra nulla neanche questo, Cinzia cara, anche gli atei parlano di Dio, ma per sostenere che non esiste, che non è esistito, né mai esisterà, né sulla terra né in cielo.»

«Comunque» rispose Cinzia, «ci sono anche scrittori che, diversamente da Hemingway, non escludono la ricerca e il parlare su Dio, ma brancolano nel buio, a differenza di Ernest che se non ricordo male è stato coerente anche nel suo ultimo gesto: porre fine a una vita percepita come priva di senso. È il caso, per esempio di un autore italiano, Sergio Saviane, che nella sua ultima opera *Voglio parlare con Dio*, parla dell'ictus che l'ha colpito.

Da quando ha avuto quest'ictus – dice – il suo cervello sembra essersi adagiato, ha perso non solo memoria, ma anche desideri e addirittura il senso del bisogno, come lo stimolo della sete e della fame. Poi però si rivolge a Dio dicendo che in tutto questo gli è venuta la voglia, il bisogno di parlargli. "Se non ti parlo muoio" scrive.»

Patrizia aveva avuto qualche storiella sentimentale, ma nulla di significativo, niente che avesse segnato la sua vita in modo permanente. Le avventure con gli uomini non avevano lasciato in lei ricordi, rimpianti, rimorsi: insomma, tutto quello che generalmente contraddistingue le storie più significative delle sue. Né, per la verità, l'amore aveva mai assunto un ruolo di primo piano nella sua vita. Era una donna piena di sentimento, molto generosa nelle amicizie e, più in generale, nei rapporti con gli altri, ma aveva vissuto più da sola che accompagnata. Almeno fino al momento in cui incontrò Filippo, pochi mesi dopo il pomeriggio trascorso con Cinzia.

Erano tutti e due sulla quarantina e frequentavano entrambi un bar di Borgo Marinaro, il rione di Napoli in cui erano nati. Era un bar assai spazioso, aveva anche un giardino in cui, quando il tempo lo permetteva, c'era un'orchestrina che suonava e faceva ballare. Si erano già visti, dunque, ma quella volta fu speciale, quasi un colpo di fulmine, un amore scoppiato all'improvviso. Nessuno dei due se lo sarebbero mai aspettato in quel momento della vita.

Non li presentò nessuno, fecero tutto da soli, al bancone del bar. «Filippo» si presentò lui. «Patrizia, piacere.»

Si guardarono sorridendosi a vicenda come se si trattasse di un sorriso abituale, eppure magnetico. A fare la differenza fu la fioritura immediata di una complicità che li coinvolse in pari misura. Del resto, non sarà così frequente, ma può capitare di avere la percezione di una complicità immediata, istantanea, fulminante; animale: si fiuta, più che capire; si intuisce, più che ragionare. La complicità è un fenomeno assai particolare e a prima vista contraddittorio: si presume infatti che una forma di intesa praticamente perfetta tra due persone richieda un certo tempo per essere raggiunta, e invece, come nel caso di Patrizia e Filippo, può essere immediata. I latini usavano un'espressione, *intuitus personae*, che letteralmente significa «in considerazione della persona» e che viene tutt'ora usata nei contratti personali quando il contraente è considerato per la sua identità e le sue qualità. Benché si sia in ambito legale-giuridico, viene adoperato il termine *intuitus*, proprio perché di intuito si tratta.

I latini usavano anche la parola *complex*, da cui deriva il nome italiano «complice»: ha la stessa radice di *plectere*, che significa «intrecciare». Si potrebbe dire che i nostri due quarantenni si sentirono intrecciati in uno sguardo, in un momento: si avvilupparono con un incrocio tra i loro occhi.

La sera del loro incontro non avvenne null'altro. Ballarono, ma il più era già successo: c'era stata la posa della prima pietra.

Era passato qualche mese da quella famosa gita a Roma per vedere la Cappella Sistina. Fra Patrizia e Cinzia, oltre a un intenso scambio intellettuale, si era sviluppata anche una notevole confidenza reciproca, che le portava con naturalezza a rendere l'una partecipe delle vicende dell'altra, compresi incontri e soprattutto sentimenti.

Cinzia conviveva con Roberto da vari anni: una relazione tranquilla senza particolari entusiasmi, in una specie di limbo sentimentale. Forse Dante avrebbe detto: «coloro / che visser senza infamia e senza lode», cioè amanti del quieto vivere, che Dante stesso disprezza al punto da far dire a Virgilio di loro: «non ragioniam di lor, ma guarda e passa», perché non meritano attenzione. Invece, come abbiamo visto, prima di Filippo Patrizia aveva sempre rifuggito qualsiasi relazione sentimentale stabile, perché temeva che rapporti più intensi l'avrebbero ingabbiata in una cosa né calda né fredda, tiepida. Nelle sue varie letture era incappata per caso in un versetto dell'*Apocalisse*, nel Nuovo Testamento, che diceva così: «Ma poiché sei tiepido, non sei né freddo né caldo, sto per vomitarti dalla mia bocca». Ecco, Patrizia aveva percepito proprio in quel modo le relazioni nelle quali era incappata, e le aveva «vomitate».

Stavolta però, con Filippo, era accaduto il contrario: l'aveva investita una specie di vampa, come accade in agosto, una vampa di caldo africano entrato direttamente nel cuore e nella mente. Era una sensazione estrema, ma gradevole, non c'era bisogno di ripararsi da questo caldo, semmai c'era da goderselo fino in fondo.

Com'è ovvio, nei giorni seguenti allo scoccare della scintilla, e poi ancora nei primi mesi di infatuazione totale, l'argomento fu al centro delle conversazioni tra le due amiche. Tuttavia, in quelle conversazioni a parlare di più era Cinzia, non Patrizia. Quest'ultima, infatti, più che parlare balbettava poche parole, o brevissime frasi del tipo: «Non so neanche come dirtelo», «Mi sta succedendo qualcosa di totalmente nuovo, mi sento coinvolta, presa e anche un po' strappata via da me stessa»; «Anche quando parlo con Filippo mi incanto a guardarlo e lui a guardare me, lui parla un po' di più, io spesso sto zitta non perché non abbia nulla da dire, ma perché non so come dirlo. Mi sento sciocca, un po' stupida, mi sforzo ma non ci riesco», «Lo amo, lo amo da morire, da impazzire, non ho più fame né sete, ho in testa sempre Filippo. Certi giorni faccio fatica a lavorare perché non riesco a concentrarmi, a dimenticare questo dolce pensiero». Non faceva che ripetere queste frasi, irrimediabilmente le stesse.

Cinzia ascoltava, chiedeva, si interessava senza alcuna malizia – non ne sarebbe nemmeno stata capace – e quando entrava nei particolari chiedeva: «Descrivimelo, almeno fisicamente». Era tutto un girare attorno alla sua bellezza, al suo magnetismo, i suoi capelli – argomento prediletto –, alla sua bocca, alle sue mani. Ma non erano vere e proprie descrizioni, quanto piuttosto una sequenza di nomi, aggettivi, mezze parole: «bello», «una meraviglia», «cose mai viste», «indescrivibile, indescrivibile», e poi ancora «Indescrivibile». E lì Patrizia si fermava, non riusciva proprio ad andare oltre, annaspava, incespicava, si arrabattava a cercare qualche altra parola, ma non le veniva niente. Cercava inutilmente di attingere al suo vocabolario, tra l'altro neanche ristretto, grazie alle sue letture, il discorso prendeva una strada senza meta, e più lei la cercava, più si attorcigliava su sé stessa.

Con il passare del tempo, l'infatuazione di Patrizia non accennava a diminuire, e le conversazioni con Cinzia non cambiavano mai. Solo grazie alla pazienza, alla benevolenza e all'affetto nei confronti dell'amica, Cinzia poteva sopportare quella specie di cantilena continua. Tutte le volte era la stessa solfa della precedente.

Finché, un giorno, Cinzia tirò fuori quello che meditava da tempo a proposito del comportamento di Patrizia. Aveva voluto aspettare a esternarlo perché le pareva sconveniente e persino irrispettoso nei confronti di quello che provava la sua amica, e del quale era molto felice, ma stavolta non si trattenne.

«Senti Patrizia, io te l'ho detto tante volte: sono veramente contenta che tu abbia trovato un uomo che non è tiepido, e che non lo sia il vostro rapporto, che invece arde dentro i vostri cuori, i vostri corpi. Credimi, quando parlo con te è come se sentissi questo calore investire fisicamente anche il mio corpo, tanto è forte quello che mi trasmetti. Ma sai cos'è che me lo fa percepire così tanto caldo e tanto importante?» chiese Cinzia. «No non lo so, né so immaginarlo» rispose Patrizia presa da una forte curiosità.

«È il fatto che tu non riesca a parlarne, che tu non riesca a spiegarlo, a descriverlo, a farmelo vedere come una delle tante cose di cui sono fatte le nostre conversazioni, nonostante la grande capacità descrittiva e fantasiosa che possiedi. È il fatto più importante che ti sia capitato da quando siamo diventate amiche, eppure è come se non riuscissi a formulare una frase completa in proposito. Non ti pare strano? Non ti sembra inusuale che non si riesca a parlare della cosa che interessa di più in un dato momento della vita, probabilmente la cosa che ha sprigionato in te il più grande coinvolgimento, la più grande premura, zelo, dedizione da che ti conosco? È così, o sbaglio?»

In un certo senso Patrizia abboccò, cadde nella trappola dialettica che l'amica le aveva teso con calma, senza fretta, pensandoci e ripensandoci. «Che ti devo dire?» accennò non sapendo rispondere. «Sento che questo amore mi brucia dentro, sono certa che non sia un'illusione, quello che accade dentro di me non è un'infatuazione passeggera come è capitato tante volte. Insomma, so che è un amore vero, ma né con Filippo, né con te che ormai sei la persona con cui ho più confidenza, riesco a descrivere quello che provo, a trasformarlo in parole, in un discorso compiuto.»

«Seguendo il ragionamento che di solito fai tu su Dio» riprese Cinzia, «io potrei dirti, cambiando i termini, che poiché non riesci a descrivere in maniera compiuta il tuo amore, allora il tuo amore non c'è. Quello che si sperimenta dev'essere tradotto in formule chiare, come quelle dei tuoi adorati scienziati, altrimenti ci si trova nella situazione dei miei altrettanto adorati letterati, scrittori, romanzieri e poeti: anelano qualcosa che non esiste, tant'è vero che non riescono a esprimersi se non nella forma dell'invocazione, del desiderio, arrancando con le parole all'inseguimento di qualcosa che non c'è. Se ci fosse, se esistesse davvero, sarebbe dicibile e anche in modo non troppo complicato, ma se non si riesce a dirlo allora stiamo parlando di qualcosa che non c'è, e ci si ferma, si tenta di andare avanti e si rinuncia.»

Patrizia rimase interdetta, mai si sarebbe immaginata che il discorso su Dio e quello dell'amore tra lei e Filippo si sarebbero trovati in qualche modo riconnessi. Il ragionamento di Cinzia, in effetti, a prima vista non sembrava così destituito di fondamento. «Ma che c'entra?» provò comunque a rispondere Patrizia, un po' scocciata e toccata nel suo orgoglio intellettuale. «Io sono certa che esiste perché è in me e lo sento, ne sono cosciente: è la mia stessa coscienza che mi dà la certezza di quel che provo. Poi, essendo un'esperienza per me nuova, ed essendo così profonda, non so come esprimerla, ma prima o poi ci riuscirò, sta pure tranquilla.»

«Io sono tranquillissima, Patrizia» disse Cinzia, «ma sono anche certa che quando si tratta delle esperienze che riguardano la nostra interiorità, la parte più profonda di noi, i sentimenti più intimi, non è facile trovare le parole giuste, come accade invece per definire un triangolo, un albero, un astro, un animale. Dobbiamo ricorrere a qualche metafora, a qualche simbolo, semplicemente perché la realtà che esperiamo supera le parole, il linguaggio, anche il più ricco è raffinato. È così per la nostra intimità, per i sentimenti e le emozioni, e anche per le relative convinzioni. Anch'io sono certa di provare la presenza di Dio in me, ma ho difficoltà a raccontarla con la precisione con cui si esprimono gli scienziati con le formule della matematica e della fisica che tanto ti affascinano. Ci ho pensato spesso, sai? E sentendo i tuoi "racconti" ho pensato che siano, in fondo, esperienze molto vicine.»

«Non è così, io ho davanti un uomo in carne e ossa che ha un nome, Filippo, tu invece parli di Dio ma non puoi dire dov'è e com'è, perché non lo sai. Io non riesco a esprimere bene dei sentimenti, tu parli di qualcosa che non hai mai visto né tantomeno toccato. Non è la stessa cosa, siamo su binari totalmente diversi.»

Cinzia la lasciò sfogare per bene e poi ribadì con tutta calma: «Tu mi parli di un uomo in carne e ossa, e su questo non c'è alcun dubbio, ma poi mi parli dell'amore e qui ti inceppi, non sai come definirlo. Io credo che tu abbia dentro questo sentimento anche se non riesci a parlarne. Filippo è lì, reale al cento per cento, è qualcosa di materiale, l'amore no: è qualcosa anche di spirituale che è difficile descrivere in modo totale, completo. Eppure, a suo modo è reale anche l'amore, esiste, è lì, nella tua anima, nella tua interiorità. Non tutto ciò di cui non si riesce a parlare fino in fondo è per ciò stesso inesistente, non è solo fantasia, immaginazione».

Si era fatto tardi, come accade quando si affrontano temi simili, ma Patrizia rimase comunque arroccata sulle sue posizioni. Per lei – o meglio: nel suo caso – la difficoltà a esprimere quello che provava riguardava il rapporto tra parola e sentimenti, tra le parole e l'amore. Ma lei sapeva di cosa parlava, Cinzia invece, secondo lei, no.

Rimasero entrambe colpite da quella conversazione così intensa: Cinzia era abituata, per formazione e per impostazione mentale, a non trascurare nessun ragionamento, nessuna ipotesi nuova, e così fece anche nell'occasione. Patrizia, al contrario, scartò anche la sola possibilità di considerare vere le ipotesi e le teorie di Cinzia, con un'unica differenza: stavolta il suo arroccamento fu dettato più dall'orgoglio – e anche da un po' di pigrizia – che non da una convinzione cristallina come quella che aveva dichiarato in modo perentorio. Un piccolissimo tarlo si era insinuato nella sua mente.

Cinzia e Patrizia non potevano sapere che il filosofo Rudolf Carnap e il teologo e filosofo Karl Rahner...

Patrizia era senz'altro più vicina a Rudolf Carnap: per lei si poteva parlare solo di ciò che era empirico, pratico, fattuale; del resto non se ne può parlare perché – come abbiamo visto – i discorsi divengono privi di senso, e se poeti e letterati girano spesso intorno a questo «qualcos'altro» non arrivano a niente. Quindi, poiché di qualcosa di non sperimentale non si può parlare, «di Dio non si può parlare perché semplicemente non esiste».

Cinzia, dal canto suo, era più vicina al pensiero di Karl Rahner. Non c'è bisogno, infatti, che qualcosa sia «palpabile», sperimentabile come avviene nelle scienze – e come nella storia d'amore tra Patrizia e Filippo –, perché se ne possa parlare. Anche il mistero di Dio ha dignità di parola, libertà di parola, è legittimo che sia oggetto di un discorso. La parola arranca, ma non è diverso dalla vita e dalla ricerca di un suo possibile senso, che arrancano anch'esse senza tregua. Di Dio, quindi, si può parlare anche se è misterioso, incomprensibile.

Rudolf Carnap (1891-1970) è stato un filosofo e logico. Fu il maggior esponente, diremmo quasi l'esponente di punta, del neopositivismo, una corrente filosofica che condivide molto con il positivismo ottocentesco ma si differenzia per un'attenzione ai problemi logici e soprattutto linguistici – un'analisi serrata dei singoli termini utilizzati – e anche per il suo empirismo (dal latino *empiricus* e dal greco *empeirikòs*, ossia l'esperienza, ciò che appartiene all'esperienza: ciò che è empirico è sperimentale, risulta direttamente dall'esperienza e non dalle idee; pratico, contrapposto a teorico, razionale). Positivismo viene dal francese *positivisme*, derivato da *positif*, «positivo»: rifiuta la filosofia che si occupa di speculazione metafisica e a maggior ragione di teologia, che si occupa di Dio che non esiste, in favore di un tipo di filosofia che mette ordine nei concetti e soprattutto dei fatti scoperti dall'analisi empirica. In latino *positum* è «ciò che è posto»; e che quindi ha le sue basi nei fatti concreti e non nelle astrazioni della metafisica.

Carnap fu il principale protagonista del Circolo di Vienna, che si riunì dal 1907 al 1914 e poi, dopo la guerra, dal 1924 al 1938: insieme a Otto Neurath (1882-1945) e Hans Hahn (1879-1934) scrisse un manifesto, *La concezione scientifica del mondo*, in cui sono tracciate le linee guida del movimento filosofico neopositivista. A un certo punto si legge: «Abbiamo caratterizzato la *concezione fisica del mondo* essenzialmente con *due attributi*. *Primo*, essa è *empiristica* e *positivistica*: si dà solo conoscenza empirica, basata sui dati immediati». Naturalmente i dati «immediati» sono quelli che vengono direttamente dall'esperienza concreta, non quelli che vanno al di là dell'esperienza, metafisici. «*Secondo*, la concezione scientifica del mondo è contraddistinta dall'applicazione di un preciso metodo, quello, cioè, dell'*analisi logica.*»

Insomma, l'unica filosofia possibile è quella che parte dalla realtà concreta, fisica, direttamente verificabile, tangibile, e che depura la sua riflessione e il suo linguaggio da termini che non siano tali come Dio, l'anima, la metafisica, la spiritualità e via dicendo.

Sembra di ascoltare Patrizia, ma con espressioni più elaborate, più strutturate, maturate – per l'appunto – da una filosofia. Chi parla di tali realtà non concrete, in definitiva non reali, non fa che brancolare nel vocabolario – come sosteneva Patrizia nelle discussioni con Cinzia – alla ricerca di termini che esprimano qualcosa che non esiste.

Un protagonista della seconda fase del Circolo di Vienna, Moritz Schlick (1882-1936) scrive nel suo saggio *Tra realismo e neo-positivismo*: «L'empirista non dichiara al metafisico "le tue parole affermano il falso" ma piuttosto: "le tue parole non affermano assolutamente nulla!" Egli non polemizza con il suo interlocutore, ma si limita a dirgli: "Non ti capisco"».

Patrizia e Cinzia non seguivano le indicazioni del filosofo tedesco-viennese, e si lanciavano invece in disquisizioni continue, talora estenuanti, ma che coinvolgevano entrambe, e non poco, anche se la posizione di Patrizia restava sempre di totale chiusura, non apriva neanche uno spiraglio dal quale potesse filtrare il pensiero di Cinzia.

Rudolf Carnap, in due scritti fondamentali come *La costruzione logica del mondo* (1928) e *L'eliminazione della metafisica mediante l'analisi logica del linguaggio* (1932), chiarisce il suo pensiero sul linguaggio e sulla metafisica, ma soprattutto ci offre una visione ancora più netta del suo modo di concepire la filosofia e l'impossibilità che si occupi di Dio.

Nella prima opera il filosofo tedesco, itinerante per tutta la sua vita in varie università (Vienna, Praga, Chicago e Los Angeles), chiarisce che il compito della filosofia non è elaborare sistemi e teorie spesso prive di significato, ma analizzare i termini utilizzati dalla filosofia stessa sviluppando un metodo. Si tratta del metodo dell'analisi logica o linguistica, attraverso il quale è possibile vagliare tutto ciò che si afferma nei vari campi del sapere, non solo – ovviamente – la filosofia. Bisogna, prima di tutto, togliere di mezzo le parole prive di senso, Dio *in primis*, e così anche le proposizioni prive di senso, che usando termini come – appunto – «Dio», «anima», «principio» risultano logicamente carenti. Come sostiene nella *Costruzione*, prima di valutare se una proposizione sia vera o falsa, bisogna verificare che abbia un significato: è questo il concetto, la regola fondamentale – il cosiddetto «principio di verificazione» – «se una proposizione significa qualcosa, può significare soltanto un dato empirico». Che cosa vuol dire? Se io faccio un'affermazione teorica come «l'albero perde le foglie», perché abbia un significato devo sempre e comunque riferirla a un dato che posso osservare nel concreto, un dato empirico, che risulta direttamente dalla mia esperienza concreta e non alla teoria, che quest'ultima sia più o meno astratta o collegata dalla realtà. Bisogna, scrive Carnap, «scegliere alcuni concetti fondamentali semplici, come le qualità sensibili», legate cioè all'esperienza, e poi risalire logicamente verso i pensieri più complessi. Insomma, per Carnap, che come si intuisce è ateo, non si può partire da concetti che non appartengono alla nostra esperienza, come Dio, e poi formulare affermazioni e costruire un pensiero. Bisogna partire sempre dalla realtà e valutare se la tale idea, la tal proposizione o il tal concetto sia verificabile nella realtà. Tutto il resto va escluso dal pensiero filosofico. Gli enunciati metafisici, etici, religiosi, estetici non possono avere significato teoretico o conoscitivo, ma semplicemente emotivo; esprimono un atteggiamento rispetto alla vita, cioè qualcosa di simile all'arte, ma hanno in più la pretesa di voler ragionare. Dice Carnap che «in fondo i metafisici sono musicisti senza talento musicale».

Non sfuggiranno le consonanze con ciò che sosteneva Patrizia, anche se non supportata da un pensiero filosofico. Le sue convinzioni, i suoi ragionamenti erano arrivati a conclusioni, se non pienamente conformi a quelle di Carnap, perlomeno affini. Di Dio non si può parlare perché non è verificabile nella realtà, non è un dato empirico che attiene esclusivamente alla realtà. E questo significa che Dio non esiste.

Di avviso completamente diverso è il filosofo e teologo Karl Rahner (1904-1984) che nel *Corso fondamentale sulla fede* (1976) e in particolare in un articolo dal titolo ampiamente esplicativo *Il problema umano del senso di fronte al mistero assoluto di Dio* (1977) sostiene la tesi opposta a quella di Carnap e del Circolo di Vienna. Proprio perché Dio è un mistero ed è per l'uomo incomprensibile, se ne deve parlare, e proprio in forza di quella incomprensibilità potrebbe risiedere il senso dell'uomo. Del resto, come nota il filosofo italiano Italo Mancini (1925-1993), se fosse comprensibile Dio si risolverebbe «in un pezzo di mondo prolungato, un'enfasi del mondo, ingrandito quanto si vuole, ma sempre mondo. Un Dio di questo genere non ci serve a nulla».

Cinzia, in modo elementare ma profondo, si era sforzata sempre di creare qualche dubbio nell'inflessibile Patrizia, soprattutto quando lei, raccontando il suo innamoramento per Filippo, diceva di vivere nell'impossibilità di esprimerlo fino in fondo. Come avrebbe detto Carnap era un tentativo inutile perché il discorso riguardava le emozioni e i sentimenti, non la filosofia. E tantomeno serviva discutere di teologia, che era impossibile per sua natura, avendo come oggetto una realtà non concreta, non empirica, non reale.

Karl Rahner si muove nella direzione opposta. L'incomprensibilità di Dio, il fatto che sfugge alla nostra possibilità di definirlo con esattezza matematica, è il motivo stesso per cui la ricerca del divino può rappresentare per l'uomo il senso della sua vita. Cinzia ci era arrivata da sola, ora vediamo il percorso di Rahner.

Se c'è un tema, un *kairós* (termine greco che significa «momento giusto o opportuno»), che riguarda il nostro tempo, è proprio quello del senso della vita umana, dopo la caduta di tutte le ideologie – e dei loro reciproci scontri – che hanno caratterizzato il Novecento e il suo pensiero filosofico: esistenzialismo, idealismo, marxismo, filosofia cristiana, fenomenologia, spiritualismo e così via. Soprattutto, con l'avvento della realtà virtuale, anzi della non-realtà virtuale del digitale e dei social network, il pensiero si va restringendo, impoverendo, e senza pensieri forti è ben difficile cercare e trovare un senso della vita che sia stabile, resistente agli inciampi, duraturo.

Rahner, profeticamente, scrisse *Il problema umano del senso di fronte al mistero assoluto di Dio* nel 1977: oggi risulta più attuale che allora. In quel periodo, infatti, si stava consumando la fine delle ideologie, ora è compiuta.

Secondo Rahner il senso della vita va collegato e intersecato con l'incomprensibilità del mistero di Dio. «Che significa» scrive «per la questione del senso all'interno della teologia e di una predicazione cristiana, il fatto che noi cristiani confessiamo l'incomprensibilità di Dio?» L'incomprensibilità, peraltro, non riguarda solamente la vita terrena dell'uomo, ma anche il suo rapporto con Dio nella pienezza dell'eternità. Di solito, scrive ancora Rahner, «Dopo aver detto molte e svariate cose su Dio [...] si aggiunge *anche* che egli è incomprensibile [...]. L'incomprensibilità non è un attributo accanto ad altri», come bontà infinita, misericordia divina, onnipotenza eccetera, «ma l'attributo degli attributi. E così rimane il problema di come questo Incomprensibile possa essere il nostro senso». Che l'incomprensibilità di Dio sia ammessa dagli stessi cristiani è evidente già nelle scritture, per esempio san Paolo della *Lettera ai Romani*: «I suoi [di Dio] giudizi sono imperscrutabili e le sue vie impenetrabili».

Oggi nella Chiesa di Francesco, il tema dell'Incomprensibilità divina appare fuori moda. Si parla di più – se non esclusivamente – delle dimensioni sociali ed economiche dell'uomo, della povertà *in primis*, ma sembra che non ci si ponga più il problema di come fare a intraprendere un cammino di riscatto dalla povertà e dalle diseguaglianze senza avere un senso forte della vita. Chi mi dà la motivazione? Forse solo il senso di giustizia, comune del resto a tutti gli uomini? Il percorso verso una maggiore giustizia sociale contempla molti fallimenti, molte battute d'arresto, molti arretramenti: è così da sempre. Se l'uomo non dà alla vita un significato forte, che vada oltre la lotta che ingaggia per migliorare la sua condizione materiale, dove troverà un senso se non in ciò che non appartiene a questa terra? È un altro discorso, d'accordo, ma c'entra non poco con quanto stiamo dicendo.

Torniamo a Rahner. «Egli è semplicemente il *senso*» scrive ancora «e quando diciamo questa proposizione, di per sé naturalmente giusta, pensiamo al senso inteso del nostro senso [...] qualcosa che si giustifica ai nostri occhi e si mette nelle nostre mani e a nostra disposizione, per porre finalmente termine alla sofferenza dovuta alla mancanza di senso del nostro problema senza risposta.» Se rimaniamo nella prospettiva per la quale Dio è una cosa tra le altre cose, che non esce dalle mura di questo mondo e vi rimane intrappolato, allora così Dio non ci serve, non serve all'uomo.

E qui si arriva a un punto cruciale nelle discussioni tra le nostre Patrizia e Cinzia: la prospettiva da cui guardare alle cose che accadono. Si deve adottare solo un punto di vista scientifico, tangibile, verificabile, o ci si può accostare al mistero con eguale legittimità e pensare al mistero come qualcosa che riguarda la nostra vita? Come abbiamo visto, Cinzia, benché appassionata di scienze e di matematica, non rinunciava a questo mistero. Scrive Rahner, in un passaggio decisamente fondamentale del suo scritto sul senso: «Se ci poniamo il problema del senso e cerchiamo di rispondere alla luce dell'ideale della conoscenza [...], secondo il quale la conoscenza è quel che deve essere e perviene al proprio scopo quando penetra una cosa e così la domina» – qui è evidente la polemica con Carnap, il Circolo di Vienna e il neopositivismo che dir si voglia – «quando si risolve in ciò che per noi non presenta più problemi ed è evidente [...] quando pretende di stabilire in modo autonomo i limiti di quello che la riguarda e non la riguarda, quando decide di tacere di ciò di cui non riesce a parlare con chiarezza [...] allora il discorso dell'incomprensibilità di Dio può soltanto essere inteso come una condanna a morte per la questione del tempo [...]».

In fondo era quello che Cinzia aveva tentato di esprimere nelle conversazioni interminabili con Patrizia, soprattutto dopo la visita alla Cappella Sistina, quando si confrontarono sulle dita di Dio e di Adamo, che per lei significavano l'inafferrabilità di Dio e la sua esistenza non racchiudibile nei nostri concetti, come invece pretendeva Patrizia.

«Che tipo di conoscenza dobbiamo concepire, dunque, affinché essa possa avere a che fare con l'incomprensibilità di Dio?» Rahner si pone questa domanda e risponde: «La ragione va originariamente concepita proprio come la facoltà dell'incomprensibile, come la facoltà di essere afferrati da qualcosa di mai dominabile, e non come la facoltà che comprende e domina e sottopone». Ancora una volta è evidente il contrasto con le idee di Carnap. Prosegue Rahner: «Se la ragione non fosse concepita in partenza come la facoltà dell'incomprensibilità, del mistero insondabile, come la presa di coscienza dell'ineffabile, ogni successivo discorso sull'incomprensibilità divina giungerebbe troppo tardi, urterebbe contro orecchie sorde [...]. La ragione comprende sempre l'oggetto singolo, sapendo tacitamente anche che esso è e rimane qualcosa di più di quanto in esso si coglie».

A chi non capita di non raggiungere una conoscenza perfetta delle persone, delle cose, degli avvenimenti, di pensare che «dietro» a quei fatti, a quelle persone, c'è qualcosa che ci sfugge, che non riusciamo a cogliere, come se la conoscenza fosse una mano incapace di stringere e possedere in modo completo quello che si sforza di conoscere sempre meglio?

Davanti alle domande importanti della vita, che ci si

impongono senza che le abbiamo scelte, noi sentiamo che non esiste una risposta definitiva da poter formulare con la solita certezza matematica che due più due fa quattro. Le domande che attengono alla vita e al suo senso non seguono princìpi unicamente logici e, quando vi si vuol rispondere così, irrimediabilmente i conti non tornano mai. C'è sempre qualcosa che non funziona, proprio perché con un'impostazione razionalistica sbagliamo il modo di porci nei confronti di questi problemi. La ragione può essere la chiave per comprendere il mondo che è alla sua portata, ma molti oggetti, situazioni, eventi, soprattutto eventi tragici, pongono automaticamente quelle esperienze concrete all'interno di un alone di incomprensibilità. La ragione arriva così sulla soglia del mistero, dell'Incomprensibile, e lì sosta, oppure si immerge nel mistero sapendo che vi può trovare un posto sicuro che lo accolga, che illumini e dia un senso alla sua vita. Non ritiene che sia ragionevole solo quello che c'è prima di quella soglia.

Come si può concepire in maniera più precisa il fatto che l'uomo può ammettere l'incomprensibilità divina senza naufragare di fronte a essa, o derubricarla a qualcosa indifferente come Carnap e, a suo modo, Patrizia? Rahner ha una risposta piuttosto netta a questa domanda: «Affidarsi all'incomprensibilità divina è un atto di amore: che dona sé stesso e si affida appunto a tale incomprensibilità [...]»

È come se l'uomo non sentisse più l'incomprensibilità come un muro che lo esclude da ogni possibilità di capire, quindi sente di non dover più abbassare lo sguardo di fronte al mistero. Prosegue Rahner: «L'amore è in fondo precisamente l'accettazione dell'incomprensibilità, che noi chiamiamo Dio, nella sua essenza e nella sua libertà, incomprensibilità soccorrevole, affermata come valida per sempre e che ci accoglie. [...] Là dove un uomo incontra l'altro in un amore realmente personale non accetta forse qualcosa che non scandaglia fino in fondo, qualcosa nella persona di chi ama, l'amato, che non ha sottoposto a sé conoscendole e così dominandolo? [...] L'amore interumano ci permette di farci un'idea del nostro rapporto con Dio [...]; può essere chiamato amore perché la conoscenza [...] comporta il carattere dell'appropriazione e del dominio della realtà conosciuta, cosa che invece non si verifica nel caso del vero amore nell'ambito dell'amore interumano [...]. L'amore personale non è un dono fiducioso di sé all'altra persona senza una controassicurazione, precisamente nella misura in cui essa è e rimane libera e imprevedibile?»

«La questione ultima del senso» conclude Rahner, «è posta nel modo giusto solo quando essa è la questione dell'amore libero, capace di donarsi e sperimentare l'incomprensibile come la realtà meravigliosamente e beatamente ovvia. [...]

Il ricorso a Dio quale risposta alla questione umana totale del senso è giusto e inevitabile. Esso però si risolve nella creazione di un idolo umano, qualora non permetta all'uomo di giungere di fronte all'incomprensibilità divina in un atto di fiducia e di abbandono, che sono ciò che lo rende beato.»

Non si tratta quindi di abbandonare la ragione rifugiandosi nell'irrazionalità, ma di concepire la ragione stessa in modo diverso, tale che possa ammettere di affrontare ciò che non è concreto, sotto i nostri occhi, dominabile dalla razionalità scientifica. Si tratta di andare oltre, trascendere (ancora un volta), con tutto ciò che significa: allargare l'orizzonte, senza certezze finché non si arriva e si supera la soglia dell'incomprensibile.

San Tommaso d'Aquino, nella *Summa theologiae*, scrive: «*In finem nostrae cognitionis Deum tamquam ignotum cognoscimus*». Alla fine di tutto il nostro cercare Dio ci appare come ignoto.

Epilogo

Il silenzio interiore, dimora della nostra filosofia

Ogni giorno ci immergiamo in un mondo caratterizzato da un rumore confuso e assordante: affollato di voci, suoni, messaggi, suggestioni che ci raggiungono, che attraversano la nostra mente e il nostro cuore. E se questo è sempre accaduto nella storia degli esseri umani, oggi accade in misura notevolmente maggiore, al punto che il rumore di fondo condiziona le nostre giornate e, più profondamente, le nostre anime.

Per di più, molti di noi avvertono la vacuità di ciò che ci solca, che ci penetra: pensieri inconsistenti, opinioni infondate, idee – se così si può dire – fumose, vaghe, imprecise, indeterminate; spesso collegate tra loro senza un senso. Molto di tutto ciò avviene nel mondo virtuale, dove tutti i «pensieri», di chiunque, vengono messi sullo stesso piano, a prescindere dal loro valore. Una sorta di principio di uguaglianza là dove l'uguaglianza non può regnare. Tutti possono, ovviamente, dire quello che vogliono, ma non tutto il «detto» può pretendere di avere lo stesso valore, perché il pensiero ha regole da rispettare, a partire dalla logica e dai fondamenti storico-culturali. L'inconsistenza coincide con l'assenza di spessore dei ragionamenti: ci troviamo spesso nel bel mezzo di una battaglia tra la profondità del pensiero e la superficialità del chiacchiericcio, e molto di frequente è quest'ultimo a prendere il sopravvento.

In breve, viviamo nel turbine di questo frastuono confuso e assordante, e l'inconsistenza prevale sulla solidità del pensiero.

Come è possibile non lasciarsi frantumare, dissolvere, disperdere da tutto ciò? Come è possibile mantenere e prendersi cura del nostro «io» in questo caos mentale diffuso?

Non ci sono molte strade: la principale è quella del silenzio interiore. Del recupero e della cura attenta e premurosa del nostro silenzio interiore.

Che cos'è il silenzio interiore? L'assenza di rumori esterni? No, è qualcosa di diverso. È qualcosa di più profondo, che esiste solo nell'interiorità del nostro io. Non è una chiusura totale in noi stessi, che tra l'altro sarebbe impossibile, non è la tendenza a pensare che per recuperare noi stessi in quel frastuono, per provare a difenderci, dobbiamo erigere delle barriere impenetrabili – che tali non si riveleranno – tra noi e gli altri, tra ciò che è dentro di noi e ciò che sta fuori.

Scrive Platone che: «Puoi essere in una città come un pastore nella sua capanna sulla cima della collina». Si può, in altri termini, preservare il silenzio interiore anche nel caos esterno, si può essere pastori solitari nel rumore della città.

Il silenzio interiore è il luogo in cui ci raccogliamo di fronte alla dispersione, allo sbandamento e anche alla dispersione dell'«io» nel mondo. Non si esce da sé stessi, mantenendosi tali, se non vivendo molto intimamente con sé stessi. E quando gli altri ci parlano avvertiamo se quel che dicono ha origine nel silenzio del fondo della loro anima o nell'abisso della loro nullità. Le parole del silenzio sono più pesanti, escono dall'ordinarietà, anche se sono d'uso comune perché, non di meno, toccano magicamente l'anima grazie al misterioso fascino che portano con sé.

Qualcuno ha scritto che sa più cose il silenzio di quante ne sappiamo noi: potrebbe sembrare contraddittorio, ma non lo è affatto perché nel silenzio abita tutto ciò che non abbiamo ancora sentito, provato, pensato, capito.

Nel silenzio interiore non facciamo piazza pulita di ciò che è penetrato in noi dal di fuori. Facciamo invece silenzio, appunto: togliamo tutto dal caos, gli conferiamo un senso non confuso, lo mettiamo in riga, in ordine, diamo una sistemazione e una collocazione precisa a ciò che è entrato in noi, collocazione che spesso non coincide con quella che aveva all'ingresso in noi.

In questo modo abbiamo cura del nostro io, non cadiamo nell'errore che il grande teologo don Luigi Giussani (1922-2005) chiamava «la trascuratezza dell'io». Se trascuriamo il nostro «io» la vita si incarica di farne ciò che vuole; gli altri, l'altro da noi, gli danno una sistemazione, e qui, proprio qui, perdiamo il nostro «io».

Il silenzio interiore, magari favorito da momenti di solitudine, è il laboratorio della nostra filosofia, che nasce nell'incrocio tra vita vissuta e pensieri, meditazioni, riflessioni su quanto accade.

Scrive il celebre filosofo tedesco Friedrich Nietzsche (1844-1900): «Ciò che avviene nelle fontane profonde avviene con lentezza; bisogna che esse aspettino molto per sapere ciò che è accaduto nelle loro profondità». Affinché la nostra solitudine interiore produca la nostra filosofia elementare, ma profonda, occorrono pazienza e perseveranza, non si può essere frettolosi e trepidanti. *Festina lente*, dicevano i latini (la frase è attribuita da Svetonio all'imperatore Augusto): «Affrettati lentamente», senza tentennamenti ma con cautela. Può essere un buon motto per ciò che avviene nel silenzio interiore dell'anima.

I brevi racconti e i personaggi contenuti in questo libro hanno tutti a che fare con il silenzio interiore, e narrano i suoi effetti a livello di pensiero. Tutti hanno, ciascuno a suo modo, filosofato senza essere filosofi, e il loro strumento è stato proprio il silenzio interiore, dove hanno «ruminato» quanto avveniva nella loro vita.

I monaci parlavano della *ruminatio*, a proposito della meditazione, come un ritornare sui testi che leggevano: ebbene, questo vale anche per il silenzio interiore, con cui si ritorna sulla vita, per trovare il filo d'Arianna e imprimerlo nel cuore e nella mente costruendo, via via, la propria filosofia.

Lo possono fare tutti, tutti possiamo essere filosofi, anche senza saperlo.

INDICE

II

IL TEMPO

III

LA COSCIENZA E L'AUTOCOSCIENZA

IV

IL BENE

V

LA MORTE

Finito di stampare nel mese di ottobre 2024
su carta holmen
con fibra vergine proveniente da foreste sostenibili holmen.com/paper
presso Grafica Veneta S.p.A.
Via Malcanton, 2 – Trebaseleghe (PD)
Printed in Italy

Certificato PEFC
Questo prodotto è realizzato con materia prima da foreste gestite in maniera sostenibile e da fonti controllate
PEFC
PEFC/18-31-226
www.pefc.it

GRAFICA VENETA
GV CARBON NEUTRAL

Questo libro è fabbricato da Grafica Veneta S.p.
con un processo di stampa e rilegatura certificato 100% ca
in accordo con PAS 2060 BSI

Certificato PEFC
Questo prodotto è realizzato con materia prima da foreste gestite in maniera sostenibile e da fonti controllate
PEFC/18-31-226
www.pefc.it

GRAFICA VENETA
GV CARBON NEUTRAL

Questo libro è fabbricato da Grafica Veneta S.p.A.
con un processo di stampa e rilegatura certificato 100% carbon neutral
in accordo con PAS 2060 BSI